ISBN 978-0-259-99936-2
PIBN 10616912

L'ENSEIGNEMENT DU FRANÇAIS

CONFÉRENCES DU MUSÉE PÉDAGOGIQUE

1909

L'ENSEIGNEMENT DU FRANÇAIS

PAR

MM. G. LANSON, G. RUDLER, A. CAHEN

J. BEZARD

PARIS

IMPRIMERIE NATIONALE

MDCCCCIX

LA CRISE DES MÉTHODES

DANS

L'ENSEIGNEMENT DU FRANÇAIS,

PAR M. G. LANSON,

PROFESSEUR À L'UNIVERSITÉ DE PARIS.

Vous savez que, sous le patronage de M. le Recteur et avec les soins de M. Langlois, nous avons organisé une série de quatre conférences dont MM. Rudler, Caben et Bezard ont bien voulu se charger avec moi. Ces quatre conférences ne sont pas l'exposé d'une doctrine; je ne me suis pas concerté avec MM. Rndler, Cahen et Bezard. Je ne sais pas ce qu'ils vous diront, et dans quelle mesure ils seront d'accord avec moi ou en opposition avec moi. Il m'a semblé que cette indépendance des conférences n'avait pas d'inconvénient ici : nous nous adressons à un public qui doit et qui veut réfléchir lui-même sur les questions de pédagogie plutôt que recevoir une doctrine toute faite. Il importe surtout de lui proposer les divers aspects des problèmes, de lui présenter des doutes, de lui montrer les diverses solutions ou les diverses méthodes parmi lesquelles on doit faire un choix.

Il y a déjà quelque temps que vous avez pu entendre parler de la crise du français. Qu'est-ce que veut dire ce mot : « La crise du français »? Cela veut dire que, lorsqu'on examine quel est le rendement de l'enseignement du français dans les lycées, le baccalauréat ne donne pas lieu d'être très satisfait des résultats qui apparaissent dans les épreuves de la composition française et de l'explication française. Comme les examinateurs, les professeurs, au moins un grand nombre d'entre eux; pensent qu'ils n'arrivent pas à donner à leurs élèves des connaissances suffisamment étendues et précises de littérature française, ni surtout la finesse de goût, la délicatesse d'intelligence littéraire qu'on estime en général désirable de développer en eux.

Comment remédier à cette insuffisance des résultats? Comment rendre notre enseignement plus efficace? Certains remèdes ont été proposés. Il y a celui que vous avez pu entendre réclamer récemment, et qui consiste à donner un plus grand temps aux études de français : une heure de plus par semaine dans les classes du second cycle, en première surtout.

Ce remède très simple, qui sera peut-être difficile à obtenir, ne me paraît pas mauvais en lui-même (car il est certain que, si nous faisons de bonne besogne, nous en ferons plus et nous la ferons mieux en quatre heures qu'en trois heures), mais enfin, je ne crois pas qu'un enseignement qui n'atteint pas son but l'atteindra sûrement dès qu'on lui donnera une heure de plus par semaine.

D'autre part, on a mis en cause les nouveaux programmes de 1902. Je ne m'en étonne pas. Mais je doute que si l'on revenait en arrière, on diminuât ou l'on fît disparaître le malaise dont on se plaint : l'enseignement du français ne se relèverait pas par le seul fait que l'on rétablirait le régime antérieur à 1902.

Car le mal existait avant 1902; et, dans le temps où j'appartenais à l'enseignement secondaire, où j'ai été en communication avec des élèves de rhétorique et de troisième, j'aurais pu aisément faire entendre à peu près les mêmes plaintes que l'on fait entendre aujourd'hui, et beaucoup de mes collègues de ce temps-là n'étaient pas plus contents que moi de la situation qu'ils constataient tous les jours.

La crise du français n'est pas un effet particulier de la réforme de 1902. Elle n'est qu'un aspect de la crise générale des études littéraires. Elle tient à des causes générales et demande des remèdes généraux; et je voudrais, comme introduction aux études plus particulières que feront mes collaborateurs, rechercher avec vous quelles peuvent être ces causes générales et ces remèdes généraux.

Le mal consiste en ce que nous donnons à des élèves, de moins en moins aptes à le recevoir, un enseignement de moins en moins propre à leur être communiqué. Nous avons aujourd'hui des élèves dont le plus grand nombre nous arrivent de leurs familles mal préparés à étudier d'une manière littéraire la langue et la littérature françaises.

Pour donner à nos élèves une délicatesse de goût, une ouverture de l'intelligence qui les rendent capables de sentir nos chefs-d'œuvre littéraires et de s'y intéresser comme nous voudrions qu'ils fissent, le travail du professeur ne suffit pas, il faut que la matière s'y prête, — j'entends l'esprit auquel nous donnons la façon; et pour cela il faut que cet esprit ait déjà été préparé dans le milieu social où il vit, dans le milieu de la famille, à goûter et à sentir la beauté littéraire.

Est-ce le cas aujourd'hui? Je ne veux pas et je ne pourrais pas traiter ce problème très difficile : la bourgeoisie française qui nous envoie ses enfants est-elle moins cultivée aujourd'hui qu'elle ne l'était, il y a soixante ou soixante-dix ans par exemple, quand l'enseignement littéraire des lycées était extrêmement florissant?

Il est difficile de répondre à cette question; mais il me semble que dans ce temps-là, et non pas seulement parce que l'on était plus rapproché par le temps de l'époque classique, on entrait plus facilement dans l'intelligence de notre littérature française des XVIIe et XVIIIe siècles. On vivait dans une atmosphère qui, peut-être, nous disposait mieux à comprendre ces œuvres-là, ou à leur donner notre attention plus constamment et plus volontiers.

Regardez dans le livre de Joannidès l'état des représentations classiques qui se donnaient au Théâtre-Français! Si nous prenons l'année 1840, Corneille a 29 représentations, Racine en a 36, dont 2 pour *les Plaideurs*, et Molière en a 88.

Si nous prenons l'année 1875, Corneille en a 6, Racine en a 19, dont 5 pour *les Plaideurs*, et Molière en a 87.

Enfin en 1902, Corneille arrive avec 10 représentations, Racine avec 31, dont 9 pour *les Plaideurs*, ce qui laisse 22 pour les tragédies; Molière a 80 représentations.

Ces chiffres-là ne sont pas du tout décisifs; il semble qu'il n'y ait rien à en tirer. Deux de nos trois grands écrivains dramatiques ou classiques se sont maintenus : Molière très bien; Racine, somme toute, bien, puisque après avoir fléchi, peut-être accidentellement, en l'année 1875, nous retrouvons en 1902 (*les Plaideurs* défalqués) 22 représentations contre 34 en 1840. Ce n'est pas une chute ni un effondrement. Mais il faut entourer ces chiffres d'autres chiffres, pour comprendre le changement qui s'est fait dans la culture qu'on peut venir prendre au théâtre.

Si nous prenons le total des représentations d'œuvres classiques, c'est-à-dire si nous ajoutons à nos grands auteurs dramatiques les auteurs de moindre importance, mais dont le travail est dirigé par les mêmes idées d'art et dont l'œuvre respire le même goût, nous trouvons, en 1840, 249 représentations d'œuvres des XVIIe et XVIIIe siècles; nous n'en trouvons plus que 142 en 1875 et 137 en 1902. Et ces chiffres comprennent les représentations de nos trois grands classiques. Il y avait donc, en 1840, 96 représentations d'œuvres classiques secondaires : il y en a 16 en 1902. Ces 80 spectacles classiques qu'on ne donne pas, c'est autant, ou à peu près, de pièces modernes ou nouvelles qui sont représentées.

Mais il faut regarder aussi ces œuvres nouvelles. Sans remonter à 1840, nous nous apercevons d'une différence entre les années 1875 et 1902; les œuvres nouvelles de 1875 portent davantage l'empreinte du goût classique, se rattachent d'une manière plus sensible à la tradition.

En 1875, M. de Bornier obtient 89 représentations avec *la Fille de Roland*, et cette œuvre de sage romantisme ne nous éloigne pas tant de la tragédie, de celle même du XVIIIe siècle.

Au contraire, en 1902, l'œuvre principale que donne la

Comédie-Française, c'est *le Marquis de Priola* de M. Lavedan. A côté l'on trouve Brieux, Jules Renard et Porto-Riche, celui-ci pour une reprise du *Passé*. Qu'il y ait du talent dans ces pièces nouvelles; qu'elles soient très « littéraires » : ce n'est pas la question. Que *Priola* soit supérieur à *la Fille de Roland*, peut-être; que le *Passé* le soit, sûrement. Mais les œuvres contemporaines ne donnent pas à nos esprits l'envie d'aller à des chefs-d'œuvre d'un autre âge comme aux sources de l'art et de la beauté. Telles nous retiennent dans le présent. Et si classique en un sens que soit la psychologie aiguë du *Passé*, je doute qu'une telle œuvre conduise des jeunes gens à goûter mieux Racine ou Marivaux. La Comédie-Française s'est très sensiblement modernisée, et à son rôle de Musée, de Conservatoire des chefs-d'œuvre classiques qu'elle continue de tenir, elle ajoute un autre rôle qui prend de plus en plus d'importance. Elle fait concurrence au Vaudeville, au Gymnase, au théâtre Antoine, aux scènes du caractère le plus moderne.

Dans la Comédie-Française d'aujourd'hui, entre le *Duel* et le *Foyer*, les œuvres classiques peuvent devenir à quelques-uns plus chères et plus belles : elles deviennent à coup sûr pour la masse du public plus anciennes, plus lointaines. L'abonné, l'habitué, le spectateur de hasard ont plus d'effort à faire, ou dépensent plus de vain respect sans intelligence ni sympathie, quand ou Corneille ou Racine ou même Molière reparaissent sur cette scène. Ils y assistent souvent comme à un rite; on ne prend un vrai plaisir que pour quelque circonstance extérieure à l'œuvre.

D'ailleurs, en général, dans l'abondance et le tapage de la production littéraire d'aujourd'hui, quoi que nous fassions, quelque attachés que nous soyons, par habitude ou du fond du cœur, aux œuvres classiques, nous sommes beaucoup plus saisis par l'actualité que nous ne l'étions autrefois.

Les bourgeois qui nous donnent leurs enfants sont peut-être aussi cultivés que les bourgeois d'il y a soixante ans, mais ils le sont certainement autrement.

Autrefois, un médecin était pour ainsi dire par fonction un lettré. Combien y a-t-il de médecins lettrés aujourd'hui? J'entends les professeurs de médecine se plaindre chaque jour, non pas depuis quelques années, mais depuis vingt ou vingt-cinq ans, de la diminution de la culture littéraire, de la culture générale chez leurs étudiants. La culture scientifique, en revanche, est probablement plus développée chez eux qu'elle ne l'était chez les médecins d'autrefois.

Même parmi les médecins dont la culture n'est pas toute scientifique, ne voyez-vous pas qu'il y en a beaucoup chez qui cette culture n'a plus la forme littéraire? Combien y en a-t-il dont la culture est musicale surtout, et qui emploient leurs loisirs, non plus à lire des œuvres de littérature et à se faire une bibliothèque comme les médecins de l'ancien temps, mais à entendre des concerts, à faire de la musique de chambre, à déchiffrer ou à jouer au piano des œuvres musicales. Il y a eu depuis quarante ans en France un développement de la culture musicale qui n'a pas été sans se faire aux dépens de la littérature.

De plus, l'activité et l'agitation politiques, sociales, économiques disputent à chaque instant notre attention à la littérature, et ceux d'entre nous qui l'aiment le plus, même les professeurs, en sont à chaque instant retirés par des préoccupations d'un autre ordre.

Pour la masse de la bourgeoisie, ne voyez-vous pas aussi que le développement des journaux a pu être dangereux ou mauvais pour la culture littéraire? Le journal, en beaucoup de maisons, a chassé le livre; mais le journal aussi s'est fait de plus en plus différent du livre. Il a chassé la littérature de ses colonnes. En ces derniers temps de grandes revues ont pu vivre en éliminant de parti pris la chronique littéraire et la critique littéraire. Sauf deux ou trois journaux, qu'est devenue la critique littéraire dans la presse quotidienne? Là où il en subsiste une apparence, quelle est la réalité? N'y a-t-il pas des journaux où l'article de littérature n'est qu'une annonce qui se paye plus cher?

Comparez un journal d'aujourd'hui et un journal d'il y a cinquante, soixante ou quatre-vingts ans. Le journal d'autrefois était rédigé littérairement, même dans sa partie politique; le journal d'aujourd'hui, celui qui se vend, est de plus en plus rarement rédigé dans une forme littéraire. Le journaliste écrivain a fait place au reporter. Bon ou mauvais, en tout cas inévitable, ce changement a fait que le journal, qui jadis pouvait entretenir le goût de la littérature, ne peut plus aujourd'hui qu'en détourner.

Notre bourgeoisie vit donc dans un milieu moins littéraire, dans une atmosphère moins saturée de littérature qu'autrefois, et les enfants qui nous sont envoyés n'out pas pris de bonne heure à la maison ce culte, cette curiosité, ce sens des choses littéraires, cet amour du passé littéraire de la France qui les prédisposeraient à recevoir nos leçons, à s'y intéresser dès le premier instant, qui nous les amèneraient tout dégrossis, ardents, et persuadés qu'en s'appliquant à Racine ou à La Bruyère ils gagneront quelque chose.

Mais il y a des circonstances plus particulières qui expliquent la grossièreté d'étoffe d'un grand nombre des élèves qui nous sont envoyés. Il suffit, pour nous en rendre compte, de considérer l'accroissement de notre enseignement secondaire au XIXe siècle.

En 1809, quand l'Université a été fondée, il y avait environ 50,000 enfants dans les établissements secondaires, lycées et pensions particulières; ce nombre s'est accru jusqu'à 1840 où l'enseignement secondaire comptait 67,000 élèves; mais en 1898 il y en avait plus de 160,000. Aujourd'hui, je crois que le total doit être environ de 170,000 ou 180,000, tant dans l'enseignement libre que dans l'enseignement public. Ce dernier, depuis 1840 ou 1850, a gagné plus de 50,000 élèves.

Je ne pense pas que ce soit la fécondité de la bourgeoisie qui explique cet accroissement du nombre des élèves dans l'enseignement secondaire. Par conséquent, si ce n'est pas parce que les bourgeois ont aujourd'hui plus d'enfants que nous avons plus d'élèves, c'est donc que la clientèle des lycées s'est étendue; c'est donc que l'on a fait appel à d'autres catégories sociales; et en effet, à Paris comme en province, on a recruté des élèves dans des parties de la population qui, précédemment, n'avaient pas accès dans les lycées.

C'est donc en enlevant en quelque sorte aux établissements primaires la clientèle qui, précédemment, leur avait appartenu, c'est par là que nous avons accru la population de nos lycées.

Il est bien loin de ma pensée d'insinuer qu'il faille fermer la porte de nos lycées à cette clientèle; il ne faut pas oublier que de tout temps, par la sélection des bourses et par d'autres circonstances, quelques-uns des meilleurs, et peut-être le plus grand nombre des meilleurs élèves de l'enseignement secondaire, les plus glorieux et ceux qui l'ont le plus honoré, venaient précisément de ces classes inférieures, petite bourgeoisie, peuple de la ville ou de la campagne. Mais enfin, quand on ne considère pas seulement les individus d'élite qui, parce qu'ils sont l'élite, s'adaptent vite à toute espèce d'enseignement, quand on regarde la masse, cette masse nous vient précisément de milieux sociaux, de familles dans lesquelles on n'a quelquefois jamais possédé ou jamais ouvert un livre, en dehors de quelques ouvrages d'actualité, de quelques ouvrages techniques, ou bien ça et là d'un roman, ou encore d'un almanach.

Dans les familles dont nous instruisons aujourd'hui les élèves, combien y a-t-il de parents qui aient des bibliothèques, qui aient dans ces bibliothèques les classiques français, et qui ne les laissent pas sur les rayons? Combien y en a-t-il pour qui les nouvelles littéraires soient autre chose qu'nue partie de ce que le jargon de notre temps appelle l'*actualité*, sans qu'ils soient sollicités par là à entrer en contact avec les œuvres littéraires dont on parle? Combien y en a-t-il qui sont indifférents même à cette *actualité*, et à plus forte raison au passé littéraire de notre pays?

Mais voici un autre fait, encore plus grave : sous Louis-

Philippe, dans le moment où l'enseignement secondaire a jeté tout son éclat, le monopole universitaire existait. En 1850, la liberté de l'enseignement secondaire a été établie, et vous savez combien les établissements congréganistes se sont développés rapidement; ils arrivaient aux environs de 1900 à avoir le même nombre d'élèves à peu de chose près que les établissements de l'État. Or ce sont ces établissements qui ont recueilli la majeure partie de la bourgeoisie riche, de la noblesse, des classes sociales dans lesquelles, héréditairement, la culture littéraire était la plus affinée.

Sans doute, nous avons gardé des enfants de bourgeoisie aisée, nous avons gardé des protestants, des israélites, un certain nombre de catholiques libéraux, un certain nombre d'étrangers, mais un très grand nombre d'enfants des familles les plus cultivées nous ont échappé, et nous les avons remplacés précisément par ces éléments moins préparés aux études littéraires dont je parlais tout à l'heure.

J'en ai eu, il y a douze ou quinze ans, la preuve tout à fait décisive pour une localité : en feuilletant l'annuaire des anciens élèves d'un lycée du Centre, j'y retrouvais tous les noms de la bourgeoisie et de la noblesse de la ville, mais, chose curieuse, c'étaient toujours des hommes de 60, 50, 45 ans; leurs fils, leurs petits-fils ne paraissaient pas sur les listes. C'est que les premiers avaient fait leurs études avant 1850 ou dans les années qui suivirent 1850, avant que l'enseignement congréganiste se fût organisé et développé. Puis, à partir de 1870 ou 1875, dans cette ville du Centre, les enfants de la bourgeoisie et de la noblesse n'étaient plus allés au lycée, on n'en trouvait presque plus sur l'annuaire; et que trouvait-on à la place? Après une crise de quelques années, le lycée s'était relevé, mais c'était en attirant des campagnes un assez grand nombre de fils de cultivateurs ou d'artisans qui, jusque-là, n'avaient pas fait partie de la clientèle des lycées, et dont les pères n'avaient jamais fréquenté que l'école primaire.

Ainsi, d'une part, nous nous sommes accrus de nombre

d'élèves moins préparés à recevoir un enseignement littéraire, et, d'autre part, nous avons été abandonnés par une partie des élèves qui, au contraire, y semblaient le plus aptes ; de sorte que nombre de nos élèves, aujourd'hui, — et ici encore, je ne mets aucune espèce d'intention péjorative dans le terme, il s'agit tout simplement d'essayer de définir la nature des enfants que nous avons la mission d'instruire, — nombre d'élèves nous arrivent aujourd'hui en sixième et conservent pendant leurs études des états d'esprit que nous définissons par le mot de « primaires ». Ai-je besoin de dire qu'ils sont aussi laborieux pour le moins, et aussi intelligents que nos jeunes bourgeois ? Mais ils sont autrement intelligents : ils ont une intelligence droite et saine, mais fruste, toute positive et pratique. Une bonne partie de l'enseignement du lycée glisse sur eux sans pénétrer, ou ne produit en eux que de l'ahurissement.

Par là la physionomie et comme l'atmosphère des classes de lettres ont beaucoup changé. Jadis le professeur y trouvait un milieu favorable à la pure littérature : les éléments hétérogènes (les enfants du peuple) étaient vite assimilés. Aujourd'hui, la masse est réfractaire, et le milieu n'est plus favorable.

Pendant que notre clientèle d'élèves se transformait ainsi, les conditions de l'enseignement lui-même se modifiaient, et se modifiaient en sens inverse; l'enseignement du français devenait plus difficile à donner.

D'abord, jadis, il était possible de se désintéresser d'une bonne partie des élèves. Dans les temps où l'Université était sans rivale et où dans des lycées départementaux, comme le lycée de Rennes, il y avait près de cent élèves en rhétorique, vous devinez ce que faisait le professeur : il parlait pour une douzaine, il s'occupait de la tête de la classe, et le reste attrapait ce qu'il pouvait. On le jugeait sur la culture qu'il savait donner à une petite élite. Le reste se contentait d'avoir été sur les bancs du collège avec cette élite; on ne s'inquiétait pas de son progrès.

Et même à des époques plus rapprochées de nous, quand M. Boissier par exemple était professeur de rhétorique à Charlemagne avec une centaine d'élèves aussi, on ne lui demandait pas compte de la seconde moitié de la classe. Il travaillait sur les bons sujets, il les poussait; et les pères mêmes des élèves dont il ne s'occupait pas étaient satisfaits de la gloire de la classe, quand la tête avait brillé au concours général; ils trouvaient naturel que l'attention du professeur se portât vers les élèves qui faisaient honneur au lycée.

Aujourd'hui, le père de famille n'admet plus cela; il considère que son fils, faible ou fort, a besoin d'être cultivé et est digne des soins du professeur, et les maîtres les plus intelligents, les plus brillants, sont quelquefois bien sévèrement, bien durement jugés par les familles, quand ils ne veulent pas s'occuper des faibles comme des forts.

Aujourd'hui, quand même nous ne considérerions pas comme notre devoir de cultiver la masse de nos élèves, de l'élever, de l'améliorer en lui communiquant quelque chose de ce que nous sommes capables d'enseigner, les faits, à défaut de conviction, nous y contraindraient. Les pères de famille d'aujourd'hui ne se contentent plus — et je ne peux pas les blâmer — de ce que les pères de famille d'il y a soixante ans acceptaient.

Cette condition qui nous est faite rend notre rôle infiniment plus difficile. S'il était assez aisé, dans les conditions d'autrefois, de faire progresser une brillante tête de classe, c'est autre chose de faire marcher 30 ou 40 élèves, de tirer quelque chose de tous, de les améliorer tous; c'est là une besogne pour laquelle, vraiment, il faut beaucoup d'intelligence, beaucoup de conscience et beaucoup de méthode.

Jadis le français, auquel on donnait peu de temps, bénéficiait de tout le reste de l'enseignement : il était tout orienté vers la formation du goût; les résultats des études latines et grecques tournaient au profit du français. Les enseignements divergents se réduisaient à fort peu de chose. Aujourd'hui d'impérieuses nécessités ont amené l'Université — et je suis loin de la désapprouver — à développer l'enseignement des sciences et celui des langues vivantes. Sans doute ces enseignements, comme celui de l'histoire et de la géographie, peuvent avoir une valeur considérable dans la formation intellectuelle. Il y a même en eux (je n'excepte même pas la méthode directe) quelque chose qui peut aider à l'acquisition d'un goût sain et large, à la précision dans l'usage de la langue maternelle. Mais on n'a pas encore pris l'habitude de les traiter en auxiliaires de la classe de français : il y a ici un progrès à faire.

Et justement, pendant que s'affaiblissaient les aides extérieures, sur lesquelles on s'appuyait, la matière même de l'enseignement français s'élargissait et s'alourdissait; sans remonter aux époques lointaines, quand j'étais au lycée, à peu près entre 1870 et 1876, j'ai traversé les classes supérieures avec un tout petit bagage de livres français. Un *théâtre classique* en un volume, qui comprenait quatre pièces de Corneille, trois ou quatre de Racine et le *Misanthrope* de Molière, et un Recueil de *morceaux choisis*, c'étaient là les deux compagnons inséparables de l'écolier. En outre, on prenait le *Discours sur l'histoire universelle* ou les *Oraisons funèbres*, de Bossuet. C'était tout, je crois; et là dedans on apprenait des leçons. En dehors de cela, on faisait des discours français. L'enseignement se bornait à ces deux exercices, et le temps qu'on y consacrait, par conséquent, était largement suffisant pour ce que l'on avait à faire. L'exercice unique, dans beaucoup de classes, était la correction du devoir français; seuls quelques professeurs distingués y ajoutaient l'explication soigneuse du texte de la leçon.

Aujourd'hui, les programmes se sont enflés. Non seulement il faut du XVIe, du XVIIe, du XVIIIe, du XIXe siècle, non seulement on a étendu le domaine de la littérature dans lequel on promène les élèves; mais, en outre, on a voulu prendre un plus grand nombre d'œuvres de chaque siècle.

On a inscrit aux programmes des œuvres qu'on ne nous

faisait pas étudier autrefois. Je ne dis pas qu'on ne nous en parlait pas, mais on ne les étudiait pas en classe ; à l'occasion d'un devoir, ou d'une explication de leçon, le professeur en disait quelques mots, et ceux de nous qui étaient curieux allaient aux textes, faisaient des lectures en étude ou chez eux.

Ainsi le programme s'est infiniment distendu. Tandis que le professeur d'autrefois pouvait ne songer qu'à la formation intellectuelle des jeunes gens, celui d'à présent ne peut oublier qu'on lui demandera compte du *savoir* de ses élèves : il y a tant d'œuvres, dit-on, qu'il est honteux et dangereux d'ignorer. Il faut prévenir les sujets ou les interrogations du baccalauréat. Il faut, ou du moins on croit qu'il faut parcourir un programme. La liste des ouvrages parmi lesquels le maître peut choisir les textes à étudier fait l'effet souvent et joue le rôle d'un programme que les élèves doivent voir.

Autrefois, dans les limites restreintes où il était maintenu, l'enseignement littéraire du français avait une méthode précise. On croyait encore à la rhétorique, et l'art de faire une composition française tenait en quelques règles simples, toujours les mêmes, que l'on appliquait constamment, d'un bout à l'autre de l'année, à tous les sujets. Je sais bien qu'il reste encore, qu'il restera toujours des règles générales de composition qui pourront être enseignées ; cependant, comme nous avons remplacé la plupart du temps le discours par la dissertation, il n'est pas possible de fournir aux élèves des cadres et des moyens de développement aussi définis pour cet exercice que pour l'autre ; la dissertation est une forme de composition infiniment plus variable, et par là même plus difficile que le discours. D'ailleurs la suppression du discours latin — fait fatal et peu regrettable — a privé les élèves d'un exercice de composition qui fortifiait en le doublant l'exercice français.

D'autre part, quand on s'est mis à lire des textes en classe, après 1880, on ne s'est peut-être pas avisé assez de la nécessité et de la difficulté de trouver une méthode. Lorsque les Jésuites, au XVIIIe siècle, lisaient Tite-Live ou les lettres de Cicéron, ou Horace, Virgile, à leurs élèves, c'était pour éprouver sur les textes des règles déterminées et constantes, c'était pour y étudier les différences des genres, les différences des styles. Il y avait un code précis du goût, des préceptes définis que l'élève pouvait comprendre. L'exercice consistait à reconnaître les applications et les violations des règles dans les morceaux qu'on expliquait; on faisait ce travail d'une façon banale ou d'une façon fine; les élèves distingués s'exerçaient à découvrir des applications imprévues, à légitimer des violations apparentes des règles: mais, de toute façon, le travail avait une direction précise et constante; on savait ce qu'on cherchait dans un texte littéraire. L'exercice de goût se pratiquait méthodiquement.

De nos jours, depuis que la littérature classique a cédé la place à la littérature romantique, celle-ci même à la littérature symboliste, laquelle a fait place à son tour à d'autres formes littéraires, l'exercice de goût est devenu quelque chose d'imprécis et d'arbitraire. Nous sommes devenus, même quand nous admirons le plus profondément les grands classiques, moins doctrinaires que les lettrés de l'âge classique; nous ne consentons plus à faire de notre classicisme un dogmatisme précis, formulé dans un code exact, en préceptes rigoureux de composition et de goût; nous y mettons beaucoup plus d'impression, de sensibilité personnelle; et, par suite, nous introduisons dans notre classicisme une foule de choses infiniment plus difficiles à saisir pour des esprits un peu gros et très jeunes, infiniment plus difficiles pour nous à enseigner et pour eux à assimiler.

Nous n'avons même plus cette base, ou du moins nous négligeons bien souvent de prendre cette base ferme qu'avaient autrefois les exercices littéraires, c'est-à-dire la grammaire et l'étude de la langue.

Je sais bien qu'on étudie la grammaire française; on l'étudie en sixième, on en parle encore en cinquième, je crois qu'elle disparaît à partir de la quatrième; je crois qu'on ne revient guère à la grammaire dans la suite des études françaises. Je ne dis pas que l'on ne fasse pas sur les textes quelques observations grammaticales, mais on évite les observations banales, le rappel des lois élémentaires, des usages les plus communs de la langue; on attire l'attention sur des particularités, des irrégularités; et je ne dis pas qu'on ait tort de le faire; seulement, en ne faisant que cela, le résultat, c'est que certaines difficultés se sont fixées dans la mémoire, mais on ne sait plus les éléments.

Quand je fais appel à mes souvenirs d'examinateur, je trouve que dans tous les examens, du plus bas au plus haut, l'explication française est une des épreuves les plus faibles, et, dans cette épreuve faible, ce qui est toujours et partout le plus insuffisant c'est l'explication de langue et de grammaire. Des candidats distingués ne savent pas toujours manier le vocabulaire technique élémentaire de la grammaire française, se trompent sur la valeur des tours et des constructions, ne savent pas définir le sens des mots; ils butent sur toutes les difficultés d'interprétation littérale, et font peut-être plus de contre-sens et de faux-sens dans un texte français que dans un texte latin.

Ainsi, dans l'enseignement de la littérature, l'étude de la grammaire et de la langue est souvent négligée.

Or, autrefois, c'était, je le veux bien, d'une manière étroite, puriste, rigoriste, que l'on étudiait la langue; mais dans tout lettré, il y avait d'abord un grammairien, vétilleux, chicaneur autant que vous voudrez, mais qui connaissait à fond la grammaire et l'usage actuel de la langue. Dans les études latines ou grecques, il est trop évident qu'on n'arrive à rien sans grammaire. Les études de goût ont ainsi une base ferme, qui manque trop souvent dans l'enseignement du français, tel qu'il est pratiqué dans beaucoup de classes.

Enfin, la « spécialisation » du français est allée croissant.

Jadis, et encore de mon temps, le français était modestement au second rang; le latin et le grec occupaient le premier plan dans les études littéraires; mais le français avait un office particulier : ce n'était pas seulement, ce n'était même pas surtout la littérature française que l'on étudiait, on cherchait à l'aide de la littérature française une sorte de culture générale et de développement général de l'esprit.

Dans les exercices de français, le professeur saisissait les occasions d'éveiller l'intérêt des élèves sur toutes sortes de choses qui n'étaient pas de l'ordre littéraire; c'était tantôt du côté de l'art, tantôt du côté de l'histoire, tantôt du côté de la morale et de la philosophie, que son attention se portait selon les sujets des discours qu'il donnait à faire; et ses goûts, sa préoccupation personnelle décidaient du choix de ces sujets.

Or il me semble que depuis trente ans, sous une pression à laquelle d'ailleurs les professeurs n'ont pas été libres de se dérober, le français a tendu à devenir une « spécialité » pure, un exercice de critique littéraire, une étude, plus ou moins bien faite et par des méthodes plus ou moins heureuses, d'histoire et de théorie littéraires. Il me semble qu'on s'est préoccupé surtout d'étudier la forme des œuvres, la perfection ou les caractères de l'art qui s'y manifeste, que l'on a discuté surtout sur les idées littéraires des écoles qui ont produit les œuvres, que l'on a cherché beaucoup dans les textes de quelle théorie, de quelle doctrine littéraire ces textes étaient les représentants; il m'a semblé que l'on a rejeté ces études plus ou moins superficielles d'histoire et de morale que les anciens professeurs de rhétorique faisaient volontiers.

Nous sommes devenus très scrupuleux : nous respectons dans l'histoire et dans la morale des « spécialités » où nous avons peur de n'être pas compétents.

Nous nous interdisons les domaines qui ne sont pas nôtres, et nous n'avons guère gardé, avec l'étude des formes et des idées littéraires, que la psychologie. Mais cette psychologie de la littérature a déjà été étudiée par tant de critiques, tant d'historiens littéraires; nous sommes accablés de tant d'études sur les personnages de Corneille, de Racine ou de Molière, sur les peintures du cœur humain que nous ont laissées Pascal, ou La Bruyère, ou Mme de La Fayette. Alors que faisons-nous? Allons-nous simplement dégager de toutes ces études quelques points hors de contestation? C'est bien plat. Combien d'entre nous cherchent à trouver quelque chose à dire à leurs élèves, quelque chose qui vienne d'eux, quelque chose qui soit ingénieux, et pas encore banal? Et ainsi, ils approfondissent l'étude de plus en plus, ils la nuancent, ils la raffinent, ils s'attachent à un détail inaperçu, ils prennent le contre-pied des opinions vulgaires; ils donnent un tour paradoxal à leur pensée, d'une façon, je le veux bien, extrêmement curieuse, intéressante, mais curieuse et intéressante seulement pour des hommes qui sont capables de les suivre.

Que produisent les subtilités, les fantaisies, les paradoxes, transportés de la critique littéraire dans l'enseignement? Quelque chose d'odieux ou de ridicule. Ou bien les élèves prennent ces jeux d'esprit pour vérités positives, les logent dans leur mémoire, et les déforment en grossières et prétentieuses affirmations d'où le grain de fine justesse a disparu. Ou bien, quand, comme il arrive, le goût et l'esprit d'un professenr ne sont pas les mêmes que ceux des professeurs de l'année qui précède ou qui suit, dans cette succession de finesses incohérentes, l'esprit de ces pauvres jeunes gens, qui n'ont pas lu ou qui ont à peine regardé les œuvres, est tout à fait perdu. Il se fait en eux une confusion épouvantable. Ils sont désorientés, ils ne savent plus où s'attacher. Et alors, ils tirent cette conclusion, c'est que la littérature, j'entends la littérature française, — car pour le latin et pour le grec ils sentent le terrain plus solide: ce sont des langues étrangères; il faut traduire; pas moyen de se dérober à l'obligation de fournir un sens; et pour le trouver, ils disposent de données exactes, de méthodes définies — ils concluent donc que la littérature française, les exercices de français, c'est le royaume du vague, de l'arbitraire et de la fantaisie[1]. Quand le professeur est un

[1] Des jeunes gens intelligents ont pris l'horreur de l'explication française. Ils n'y voient qu'une obligation de parler quand on n'a rien à

homme d'esprit, comme cela arrive souvent, on assiste à la classe de français avec beaucoup de plaisir. Le professeur donne sa représentation; il amuse s'il est brillant, il ennuie s'il est médiocre. Dans les deux cas, l'élève se dit : « Il est payé pour cela; il fait son métier ». C'est notre métier de professeur de nous échauffer sur les œuvres qui sont au programme.

De tout ce qu'ils ont dit l'un et l'autre, le distingué et le médiocre, on ne croirait pas qu'on eût rien à retenir, s'il n'y avait le baccalauréat. Là, on se trouve en face d'autres hommes qui, par métier, doivent avoir les mêmes idées et les mêmes admirations que le professeur de classe. On leur servira donc les bribes de l'enseignement qu'on a pu enregistrer dans sa mémoire. On y ajoutera, si on a travaillé en conscience, les formules des manuels et des critiques dont on s'est gavé. Et nous verrons d'étranges pots-pourris de Lemaître, de Faguet, de Brunetière, de Doumic et de La Harpe.

Voilà le mal; il me paraît résulter d'un désaccord entre les élèves et l'enseignement. Quels sont les remèdes?

Ne faudrait-il pas opter entre l'enseignement et les élèves? Voici ce que je veux dire: si nous estimons que l'enseignement du français doive consister dans la communication d'une culture raffinée, d'une délicatesse extrême de goût, dans l'apprentissage des jouissances les plus fines de la littérature, que ce soit là l'essentiel de notre tâche, alors il nous faut demander, — en criant le plus haut possible et en nous associant, puisque c'est le bon moyen, — que cet enseignement, qui n'est bon en tout cas que pour une élite, nous ne le donnions plus qu'à une élite. Il faut renoncer aux neuf dixièmes de nos élèves; il faut demander qu'on transforme les collèges et les lycées en établissements primaires supérieurs, et il faut nous

dire. D'autres croient y réussir, parce qu'ils disent n'importe quoi. Certains sont persuadés qu'il s'agit de faire un sort à tous les mots du texte, et de s'extasier sur toutes les virgules. Mais le plus grand nombre est persuadé que causer à propos d'un texte, c'est expliquer.

contenter de concentrer dans quelques lycées une petite élite apte à recevoir en général une haute culture, et dans laquelle nous ferons encore la sélection, parmi les vocations scientifiques, d'une plus petite élite apte aux études de pure littérature.

Ou bien acceptons l'idée que l'enseignement secondaire est fait pour être donné à un très grand nombre d'élèves, à 170,00, 180,000, 200,000 jeunes Français. Mais alors, il faut adapter notre enseignement à cette clientèle.

Voilà les deux solutions dont l'une et l'autre, remarquez-le, sont compatibles avec la démocratie.

La première n'a pas le caractère irréductiblement réactionnaire qu'on pourrait supposer d'abord, à la condition que la porte des lycées ne soit pas ouverte au premier venu qui peut payer, et qu'un contrôle quelconque soit établi, qui ne laisse pénétrer au lycée que les élèves vraiment laborieux et intelligents. Mais ce système, s'il est réalisable, ne peut l'être que dans un avenir lointain.

La seconde solution nous est imposée par les faits, et elle est très défendable aussi. Donc, puisque nous sommes obligés de garder, pour ne parler que des établissements de l'État, nos 85,000 ou 90,000 élèves, il s'agit de leur donner une culture dont ils profitent.

Je ne donnerai ici que des indications très générales, pour ne pas empiéter sur le terrain que se sont réservé mes collaborateurs.

Le premier point est d'arriver à établir le contact, qui souvent s'établit mal, entre l'enseignement et l'élève. Pour cela, il faut que nous abaissions notre enseignement, si vous appelez « abaisser » descendre des nuages sur la terre. Rendons-le modeste, pour lui donner plus de prise : simplifions-le; il n'en sera que plus sérieux et plus fort. Ôtons-en les raffinements, abstenons-nous des paradoxes, consentons à dire des choses qui ne seront pas neuves pour nous, mais qui pourront l'être pour ces enfants; à dire des choses qui seront banalement ou grossièrement justes, mais qui seront palpables et saisissables pour eux. Contentons-nous de ce qu'ils arrivent à des idées très grosses, à des impressions très sommaires, à la condition que ces idées grosses, que ces impressions sommaires, ils les aient trouvées eux-mêmes, dégagées eux-mêmes des textes; abstenons-nous de leur dicter du haut de la chaire des choses fines qui ne pourront entrer que dans leur mémoire. Faire découvrir par les élèves ce qu'ils sont susceptibles de découvrir dans les textes français, les amener à formuler le jugement le plus élémentaire et à chercher des raisons très élémentaires aussi de ce jugement, ce ne serait pas un travail stérile, parce qu'ils y auraient été vraiment actifs.

Il nous faut surtout ôter le dilettantisme, la fantaisie autour des textes; ces esprits frustes, mais droits, sains, justes, que nous avons à former, ne comprennent pas qu'une recherche et une étude ne tendent pas à un résultat palpable, positif, constant, en un mot, à une vérité. Nous devons, même dans l'étude littéraire du français, mettre au-dessus de tout la vérité: et une grosse vérité de bon sens vaudra mieux que toutes les analyses de goût les plus ingénieuses et les plus brillantes, que toutes les constructions d'idées invérifiables et intransmissibles qui sont des œuvres d'art personnelles, et qui, par conséquent, ne peuvent pas devenir objet d'enseignement.

Il nous faut arrêter aussi une méthode, une méthode simple et constante pour les explications de textes; il serait à souhaiter qu'il pût y avoir une entente entre les professeurs d'un même établissement. Je ne crois pas qu'une telle méthode puisse se commander par voie administrative. Sans doute on peut la prêcher. On peut présenter des vues que l'on croit vraies. Mais on n'arrivera à rien que par la réflexion intérieure des professeurs sur les conditions et les besoins de leur enseignement, et par leur accord volontaire sur une méthode commune. Il serait désirable que, renonçant à l'individualisme et à la personnalité excessive dont ils sont parfois fiers, bien à tort, les professeurs de français se missent d'accord, au moins dans l'intérieur de chaque établissement, pour adopter une méthode unique d'expliquer les textes, quelques principes et quelques cadres généraux, de façon que les élèves qui passent d'un professeur à l'autre ne soient pas déroutés, désorientés, ahuris, et qu'ils voient bien, enfin, que l'explication d'un texte français est une recherche précise dont les objets, les données et les moyens sont déterminés.

Il faudrait mettre à la base l'étude grammaticale et l'interprétation littérale du texte, et s'habituer à ne rien laisser qui ne soit éclairci et compris : fixer le sens avec précision est une opération plus utile aux esprits que s'élancer au-dessus et au delà du texte vers les idées générales. Et c'est un exercice exact et positif auquel tout esprit peut se prêter et profiter.

Pour approcher des intelligences jeunes et frustes de textes que la forme et les idées éloignent d'elles, pour faire entrer, par exemple, de petits Français indifférents du xxe siècle dans la littérature religieuse du xviie, il serait bon de prendre le point de vue historique, de rapporter les textes moins à une technique littéraire qu'à la vie d'une société et d'une époque. C'est par l'histoire qu'on pourrait arriver sûrement à faire pénétrer nos élèves dans la littérature passée.

Pour rattacher à eux cette littérature passée, on pourrait y chercher les problèmes moraux et sociaux qu'elle enferme, leur faire apercevoir à quels problèmes moraux et sociaux de notre temps les problèmes moraux et sociaux de ces œuvres répondent, par quelle transposition, quelle transformation les problèmes se posent autrement aujourd'hui, comment certains problèmes ne se posent plus et sont remplacés par d'autres. Vous éveillerez très facilement l'intérêt d'un public sérieux et sensé en regardant le côté moral ou social des œuvres.

Bien entendu, je ne conseille pas le bavardage, les leçons *ex professo*, les conférences historiques ou sociales. La détermination du sens resterait l'opération principale. Il s'agit ici surtout de suggérer, d'avertir. Quelques mots, quelques questions surtout qu'on lancerait à propos, suffiraient à exciter l'activité des esprits, à leur ouvrir des perspectives.

Dans tout cela, que deviendra la formation du goût? Elle se préparera d'autant mieux que nous serons moins pressés et que nous ferons, en apparence, moins. Savoir la grammaire de la langue française, la propriété des mots et le juste emploi des tours, regarder les textes de près pour en bien fixer le sens dans tout son détail, considérer le rapport des textes à la société pour qui ils ont été faits, et à nous qui en sommes si loin, quand toutes ces opérations susceptibles de précision et de résultats positifs seront faites convenablement, quand par elles la lumière et l'intérêt auront été répandus sur les textes, alors l'éveil du goût pourra se faire. Il sera possible d'y aider par quelques suggestions bien placées; mais craignons toujours de forcer la nature, et de ne déposer que des formules dans la mémoire. Attendons et respectons la spontanéité de l'impression chez nos élèves. Remettons-nous en à eux, à leur activité d'adultes, pour se faire le goût qui sera leur goût. Ils n'y manqueront pas, si nous les avons rendus seulement capables de comprendre ce qu'ils lisent, et si nous ne les avons pas dégoûtés de lire.

Une méthode aussi sera à trouver pour la composition. Je redoute les sujets d'analyse littéraire, où l'on copie, quand on ne peut les singer, Lemaître ou Brunetière. Je redoute les sujets prétendus d'imagination, qui ne sont que des apprentissages de prétention et de fausse élégance, où le goût naturel se gâte dans l'usage des clichés et des poncifs. Je souhaiterais ici que l'on distinguât bien ce qui peut être une excitation utile pour l'élite de ce qui doit être l'enseignement convenable à la masse. Comment faudrait-il faire? Faudrait-il donner à part, hors de classe et dans des exercices spéciaux, ou par des sujets facultatifs, cet enseignement plus littéraire, cette culture des facultés créatrices? Je n'en sais rien : il y a une pratique à trouver. Mais il faudrait soigneusement se garder de répandre sur tous, comme un enseignement destiné à tous, ce qui ne peut être bon et fécond qu'à la condition d'être réservé à une élite. Il y a très peu d'élèves, dans les meilleures classes, qui soient doués de sens artistique, et pour qui écrire en français puisse être la création d'une forme littéraire. Ceux-là, cultivons-les; aidons-les à être des artistes, quand nous les rencontrons. Mais les autres, n'essayons pas de les habituer à faire une œuvre littéraire dont ils sont incapables : il faut les habituer à faire un bon rapport, un bon exposé, dans un style exact, clair et suivi, sans autres qualités littéraires que l'ordre et la justesse; apprenons-leur à user du français proprement, à rassembler quelques faits précis, quelques données sûres, à les classer, à les comparer, à en tirer des inductions et des conséquences raisonnables. Idéal bien modeste et sans panache! Idéal bien « primaire »! Mais oui. Si nous faisons cela, nous ne ferons pas peu. Au lieu que si nous voulons viser plus haut, appliquer à la masse ce qui convient seulement à très peu, si nous avons la prétention d'imposer à tous nos élèves la méthode qui peut-être (encore n'en suis-je pas sûr) conviendrait, s'il s'agissait pour tous de devenir des About, des Paradol, des Jules Lemaitre, des France, des Barrès, nous arriverons tout au plus, pour une réussite, à faire cent ratés, et à ne rien faire du tout de la masse que nous aurons ahurie et ennuyée.

Pour terminer, je voudrais vous proposer deux questions. Si l'on veut arriver à donner aux études françaises la méthode et la consistance qui sont désirables, n'y aurait-il pas avantage, d'abord, à ne pas mêler et juxtaposer dans la même classe des individus extrêmement inégaux de vocation, de tempérament et d'aptitudes? Ne serait-il pas bon, quand le nombre oblige à diviser la classe, de rassembler dans chaque division des élèves de force sensiblement pareille? Un élève mauvais ne sera-t-il pas mieux entraîné par un médiocre, avec qui il pourra à la rigueur se comparer, que par le camarade brillant qui est à la tête de la classe? Le ressort de l'émulation joue-t-il quand la disparité des forces est trop grande? Je vois les objections qu'on peut faire; elles sont graves. Aussi est-ce à l'examen, à la discusion que je recommande l'idée, sans vouloir apporter ici de conclusion ferme.

Voici ma seconde question : puisqu'il est si difficile de faire quelque chose avec le petit nombre d'heures que nous donnons au français dans l'espace d'une année; puisque, si visiblement, de la succession des maîtres résulte ici plus qu'ailleurs l'incohérence de l'enseignement, n'y aurait-il pas avantage à ce que le professeur gardât les mêmes élèves pendant plusieurs années? Il serait aisé d'établir un roulement qui permît de laisser les élèves sous la même méthode et la même discipline pendant deux ou trois années de suite. Ici encore je ne préjuge pas la situation : je vous propose encore cette question comme un doute, comme une hypothèse à étudier. Je vois même ici des objections encore plus fortes, les objections surtout des familles, et celles-ci, je ne sais pas encore à l'heure actuelle comment on pourrait les réfuter. Cependant il vaudrait la peine de débattre ces deux questions, et peut-être pourra-t-on tenter çà et là quelques essais, à la condition que ces essais soient confiés à des hommes qui s'intéressent à les faire réussir, et non pas à des hommes déterminés d'avance à les faire échouer.

Pour résumer, la « crise du français » n'est au fond qu'une crise de méthode, qui résulte de l'adaptation de moins en moins exacte de l'enseignement aux élèves.

Comment peut-on rétablir l'harmonie? comment peut-on ramener l'enseignement au niveau des élèves ou élever les élèves au niveau de l'enseignement? Voilà la question sur laquelle je voulais appeler votre attention aujourd'hui, et sur laquelle mes collaborateurs, à quelques conclusions qu'ils arrivent, entreront dans un détail plus précis et plus technique.

LA COMPOSITION FRANÇAISE,

PAR M. G. RUDLER,

PROFESSEUR AU LYCÉE CHARLEMAGNE.

Il y a une cinquantaine d'années, et même beaucoup moins, la composition française était en possession d'une méthode et d'une situation incontestées. Le Concours général en fixait la nature et l'étiage. Lorsqu'il existait en troisième, en seconde et en rhétorique, il agissait directement sur chaque classe; lorsqu'il eut été supprimé pour la seconde et la troisième, il n'en continua pas moins à régler de proche en proche, comme par une série de chutes, les exercices scolaires dans les trois classes qui formaient alors la division des lettres; tant qu'il exista, il aspira, en somme, à lui tout l'enseignement. Vous connaissez le type des devoirs qui se donnaient alors. C'étaient en général des lettres et des discours, genres qui, peu à peu, avaient supplanté la narration. Le sujet en était ordinairement de morale, d'histoire et de politique; à partir de 1867 et surtout de 1874 (je m'en suis assuré dans le *Recueil de Devoirs français donnés au Concours général*), la littérature, la critique littéraire se firent plus envahissantes, jusqu'à accaparer enfin toute la place.

Si tout le monde était d'accord pour maintenir cette forme de devoir français, la question n'existerait pas. Le souvenir en est encore très vivant, la tradition très nette; les recueils en existent; il suffirait de marcher de l'avant dans le chemin où nous avons commencé notre carrière.

Si tout le monde, au contraire, était d'accord pour rejeter ce type de composition française, la question non plus ne se poserait pas. Il suffirait de créer les formes nouvelles destinées à remplacer l'ancienne.

Mais cette forme de composition française a toujours beaucoup de partisans, et des partisans de marque. D'autre part, elle a été critiquée amèrement, avec éclat. De sorte que nous sommes à un moment d'indétermination où la forme ancienne paraît ne plus s'imposer absolument, là où une forme nouvelle ne paraît pas non plus rigoureusement désignée.

Dans ces conditions, il nous faut réexaminer cette forme du devoir français, et, puisque nous sommes ici entre professionnels pour étudier des questions techniques, voir de plus près qu'on n'a pu le faire pour le grand public ce qu'elle rendait en énergie intellectuelle, en quel sens elle orientait l'esprit, et, quand on avait fait un certain nombre de ces devoirs, quels étaient à la fois le gain de méthode et le gain de connaissances qu'ils laissaient après eux.

Des sujets, je dirai peu de chose. Quelques-uns me paraissent bons, la plupart contestables. Presque tous reposent sur un faux foncier. On demandait aux élèves de faire parler un grand homme de l'histoire ou de la littérature, Henri IV, Bossuet, Fénelon, Bonaparte, et de leur prêter des sentiments ou des idées *probables*, un langage *possible*. Entreprise énorme; contournement étrange, sans profit sérieux, et qui conduisait vite au déplorable pastiche; discordance formidable entre la vérité de l'élève et la vérité du sujet.

La « matière », il est vrai, diminuait la distance entre le sujet et l'élève. Mais c'est la faculté d'invention de l'élève qui en faisait les frais.

Il avait devant lui une et le plus souvent deux matières : l'une, historique ou littéraire, qui résumait les faits principaux de la cause ou du sujet; l'autre, divisée en paragraphes, qui le guidait dans le développement comme par la main.

La première était nécessairement courte et ne pouvait donner qu'un sommaire très réduit. Dès lors, elle était mal conçue ou funeste. Mal conçue, si l'élève voulait chercher au delà; il aurait été beaucoup plus rationnel de lui indiquer précisément les sources à étudier, les livres à lire pour traiter le sujet. Funeste, si elle dispensait de la recherche personnelle. Tout le mérite se réduisait alors à utiliser avec adresse les indications de la matière. Et, en effet, c'était autrefois un genre de mérite très prisé. Je ne puis m'empêcher de le trouver assez mince; et il n'était pas sans danger. L'élève s'habituait à jeter de la poudre aux yeux, à donner au vague ou au vide quelque air de précision ou de cousistance.

La matière par paragraphes le dispensait plus résolument encore de l'invention véritable.

Chaque paragraphe indiquait une idée essentielle, un aspect frappant du sujet. S'agissait-il d'histoire ou de politique? Il est extrêmement curieux de voir comment ces devoirs n'inclinaient point à traiter l'histoire et la politique pour elles-mêmes, pour leur forte substance et leur intérêt vivant, mais les dérivaient aussitôt vers des idées morales préconçues, des lieux communs passe-partout, selon lesquels s'organisait la matière historique ou politique. C'étaient l'honneur et l'intérêt; et la liberté de l'élève se réduisait, tout au plus, à mettre tantôt l'honneur avant l'intérêt, tantôt l'intérêt avant l'honneur. C'étaient l'imprévoyance, l'impiété et la lâcheté. C'était la liberté de conscience (Discours d'Henri IV pour faire enregistrer l'Édit de Nantes; lettre de Leibniz sur la révocation dudit Édit). C'était le patriotisme (Appel de L'Hôpital aux factions, appel à la paix et à l'ordre). Ces lieux communs tantôt suggérés, tantôt ordonnés par la matière, il ne restait à l'élève qu'à les *phraser,* en leur donnant une teinture plus ou moins historique, mais en général appropriée de très loin au caractère des personnages et des temps.

S'agissait-il de littérature? La matière indiquait les quelques grosses (et souvent fausses) idées à connaître sur une œuvre ou sur un talent. C'était un canevas analogue à ceux que l'on trouve aujourd'hui à la fin des chapitres dans certains manuels de littérature. Les idées qui les composaient faisaient ordinairement partie du « patrimoine des hommes »; elles étaient clichées, sans date ni marque d'origine, et passaient de main en main, de génération en génération, depuis fort longtemps. Quelqu'un, on ne sait qui, les avait composées autrefois. On les avait traitées comme élève, on les redonnait comme maître. Et la correction n'en était pas difficile. Une heure de parole sur Corneille, Racine, Molière suffisait. Mais de nourriture forte et substantielle, en tout cela, point[1].

Littérature ou histoire, on demandait à l'élève une chose, une seule : *développer*.

La singulière chose, quand on y resonge! La matière était comminatoire; il en fallait avoir un respect pieux; on y était attaché comme la chèvre au piquet; on avait le droit de brouter autour, mais on ne devait pas trop s'en écarter et, après avoir un peu folâtré, ce qui n'était pas toujours vu d'un très bon œil, il en fallait revenir en fin de compte aux indications de la matière. La docilité était la vertu souveraine de l'élève. On s'y prenait, je crois, de deux façons pour développer. Tantôt on développait de chic, sans étude du sujet, et donc par une invention purement abstraite, logique et verbale. Il s'agissait, étant donné deux idées dominantes placées à une certaine distance l'une de l'autre, de les relier par une chaîne de sous-idées, de nuances contiguës. Quand les idées ne venaient pas, les mots venaient toujours, pour faire le compte de lignes; et d'ailleurs il n'y a rien qui ressemble plus à des mots, chez les élèves, que des nuances d'idées. Tantôt, par lectures faites de droite et de gauche, on essayait de nourrir le développement. Mais à lire Nisard, Sainte-Beuve, Taine, etc., on était submergé, on se noyait sous cet amas d'idées semblables et différentes qui se croisaient et se recroisaient de mille manières, en des sujets livrés à l'impressionnisme ou peu susceptibles de certitude. Il en résultait un ahurissement et un émoussement. L'esprit

[1] Une partie du mal est venue de ce que des sujets, moins contestables dans des rhétoriques supérieures, ont été transplantés en première, en seconde, et même en troisième.

s'épointait, ou ne se trempait pas, tiraillé entre tant de vues qu'il ne savait pas réduire à l'unité.

Ce qui ajoutait encore au danger du développement, c'était une certaine idée de la convenance oratoire ou littéraire. Le fait, le chiffre précis, abondants, étaient mal vus. Ils ne paraissaient pas élégants et ils prenaient, dans des devoirs nécessairement courts, la place de la phrase. On finissait par les éliminer. Le grand mérite, c'était de procéder par allusion. Il fallait laisser entrevoir que l'on savait bien des choses sans les dire, et les malins faisaient croire qu'ils les savaient. Une préparation quelquefois étendue et précise venait s'étrangler sous les fourches de la convenance. Il en résultait pour l'esprit une position fausse, insupportable.

Et je n'ai pas dit encore tous les méfaits du paragraphe. Mais qui les dira tous? Il s'était établi, probablement à l'imitation de l'architecture, une certaine idée des proportions d'un devoir bien fait, d'un beau devoir, et le nombre des paragraphes y était pour quelque chose. Par exemple, le chiffre 4 était assez estimé: un préambule, deux développements centraux, une conclusion. Quelquefois on allait jusqu'à s'offrir le luxe d'un cinquième paragraphe. La combinaison était belle encore: toujours le préambule et la conclusion, et au milieu trois beaux paragraphes harmonieux. Il y a là évidemment un souci louable d'élégance; mais il y a aussi un danger, parce que le nombre des paragraphes est naturellement déterminé non par un style architectural préconçu, mais par un examen intrinsèque attentif du sujet. Nous savons ce qu'il en a coûté à la vérité, dans l'œuvre d'un grand critique, pour avoir voulu faire rendre trois divisions, ni plus ni moins, à tout sujet.

Dans les paragraphes eux-mêmes il fallait arriver à une certaine harmonie; un petit paragraphe à côté d'un long était condamné par l'œil et par le goût. On en arrivait à souffler les idées minces et à comprimer les idées fortes. Le développement était tantôt creux, tantôt pléthorique et heurté; et mieux le valait creux.

Au point de vue donc de l'invention, reconnaissance profonde et personnelle du sujet, enquêtes de faits larges et précises, création vive et ferme de pensée, je ne puis m'empêcher de trouver que le rendement de ces devoirs était faible. Ils vous mettaient constamment ou en dehors ou à côté du vrai. Qu'en restait-il au bout du compte dans l'esprit? Fort peu de connaissances; quelques poignées d'idées, de ces idées que je définissais tout à l'heure, nées avant le dépouillement scientifique sérieux, lancées dans la circulation par des généralisateurs, des constructeurs de châteaux d'idées, bref ce qu'on appelle des idées générales; comme si l'idée générale avait un sens quelconque, une valeur quelconque en dehors des faits qu'elle recouvre; comme si les seules idées générales auxquelles nous puissions faire confiance (encore ne sont-elles pas éducatives) n'étaient pas celles des hommes très savants.

Mais cette discipline apprenait à composer? Sans doute; ceci était l'un de ses points forts. Mais quelle composition? Une composition factice, je le crains, et artificielle. Il s'agissait d'aller d'une idée dominante à une autre idée dominante et de trouver la voie droite ou sinueuse qui menait de l'une à l'autre. Et vous aviez fréquemment de ces développements que j'appellerai en dos d'âne. Vous partiez d'un sommet, descendiez doucement dans la vallée, remontiez la pente, et par une série de transitions, aboutissiez à un autre sommet, je veux dire à une autre idée capitale, sur laquelle vous concentriez un instant, dans la phrase culminante, la pleine lumière, pour laquelle vous trouviez les mots décisifs; puis vous rentriez dans la pénombre, redescendiez la côte, et la petite promenade recommençait. Mais cet ordre vif et vrai, cet ordre à la fois objectif et personnel que l'esprit lancé à la découverte fait jaillir des choses, était-il possible, par des matières ainsi conçues, d'y arriver? Apprend-on à composer en développant les plans d'autrui? Parce qu'on a su trouver, finement, cette chaîne des intermédiaires que les matières dissimulaient avec soin, sait-on organiser un devoir? Quand, perdant l'appui des matières faites d'avance, on en arrive enfin aux sujets que l'on traite personnellement, l'embarras est-il moindre qu'il ne l'est chez des jeunes gens que l'on jette de suite en pleine eau et qui doivent trouver l'ordre juste, l'ordre vrai d'un sujet, mais qui sont d'ailleurs munis d'une méthode pour le trouver? Si oui, le gain de l'ancienne discipline n'est pas douteux. Peut-être seulement le payait-on trop cher. Mais j'avone que je n'y crois pas.

Reste l'élocution. Le maître y donnait ses meilleurs soins. L'élève devait rechercher la correction, la régularité, la pureté, l'élégance. Certes, on peut trouver qu'une telle forme n'est pas assez vive, assez mordante; qu'elle ne suit pas la pensée et ne naît pas d'elle, qu'elle la précède et s'impose à elle, la passe au rouleau, l'engonce, la souffle ou la ternit. Mais comme style en soi, et pour l'usage courant, et indépendamment du tort qu'elle fait à la pensée, on peut s'en contenter.

Par conséquent, sur le style, et sauf réserves, un gain appréciable; sur la disposition, un gain contestable; sur l'invention, fort peu de chose, malgré une dépense d'énergie qui pouvait être grande, mais qui était, je n'en doute pas, mal orientée; sur les connaissances, fort peu de chose encore. Voilà, ce me semble, le bilan de ce type de composition française.

Ai-je poussé les choses au noir? Je n'ai rien négligé pour dessiner scrupuleusement, d'après des souvenirs et des enquêtes, l'impression que laissait une telle discipline. Je sais bien que les bons maîtres savaient en pallier les vices; mais j'estime qu'une méthode dont il est nécessaire de pallier les vices à force d'intelligence et de science n'est bonne qu'à supprimer.

On ne manquera pas de m'objecter la distinction des hommes que cette discipline a produits en foule. Je ne crois pas l'objection valable. Certes, je me plais à reconnaître cette distinction souvent éminente. Mais je vous demande d'examiner si ces hommes l'ont acquise grâce à cette discipline, ou contre elle; s'ils n'ont pas dû s'en affranchir à un moment donné, et se refaire, péniblement; s'ils ne se sont pas sauvés de la vraisemblance, du vague, du développement, de la phrase, de la rhétorique en un mot, par l'histoire, la grammaire, la philosophie, l'érudition, les affaires, la vie, en un mot par toutes les disciplines substantielles et rigoureuses. Celui qui, par impossible, n'aurait point fait de progrès depuis la fin de sa rhétorique, ou celui qui se serait développé strictement dans les lignes tracées par la rhétorique, jusqu'à quel échelon monteraient-ils dans l'échelle des valeurs intellectuelles? Victor Cousin me paraît avoir été l'un des représentants les plus purs de cette ancienne méthode. Quel homme pensant voudrait aujourd'hui s'en tenir à la méthode de Victor Cousin? Et dans le talent de Taine lui-même, qui a renversé pour sa part le cousinianisme, est-ce qu'on ne verrait pas se dessiner des lézardes à l'instant précis où commence le *développement,* qu'il eut forcené? Au contraire, n'est-ce pas le maniement superficiel encore de la méthode historique qui a fait le succès durable des *Ennemis de Racine,* de M. Deltour? Je suis frappé de voir combien cette longue période de travail, qui va de 1804 à 1870 environ, a produit peu de bons livres, je veux dire de livres sans phrases, précis, fouillés, appuyés sur les faits, entrant avant dans la réalité; à ce point qu'aujourd'hui encore, après plus de cent ans, nous en sommes à compter les bonnes éditions vraiment utilisables. Et l'on montrerait aisément que ces bons livres datent à peu près tous de ces vingt-cinq ou trente dernières années, et qu'ils ont été conçus d'après un type différent, par des hommes qui, au sortir de leur discipline scolaire et contre elle, s'étaient donné une discipline différente. Eh bien! je me demande comment une culture qui, chez les professionnels, n'arrive pas à produire de bons livres, peut produire dans la nation de bons esprits.

Je ne la critique d'ailleurs que relativement. Elle a été longtemps la meilleure, parce qu'elle était la seule possible. Tant qu'il n'y eut pas en histoire et en littérature de méthode scientifique constituée, elle me paraît, avec ses idées générales, ses lieux communs, sa vraisemblance, avoir été exactement adaptée à son temps. En somme, elle était à l'enseignement ce que le cousinianisme était à la philosophie. Mais, puisque cette période anté-scientifique a eu son type d'éducation publique et en particulier son type de composition française, pourquoi la période scientifique n'aurait-elle pas aussi l'un et l'autre?

L'histoire s'est constituée en science, et la géographie a suivi. La philologie a passé le Rhin et s'est acclimatée chez nous. Sous nos yeux mêmes, jour par jour, l'histoire littéraire découvre ou affine sa méthode, étend son domaine, rabat la fantaisie débordante de la critique littéraire. La grammaire, les sciences auxiliaires de l'histoire se sont puissamment développées, ou créées. La morale cherche son fondement dans la science. L'économie politique s'est muée en sociologie. Partout, qu'il s'agisse de la nature, de l'homme, de la vie, du présent, du passé, la science a pour caractère de marcher sans cesse, avec une précision croissante, à la reconnaissance exacte des faits, à l'examen serré de la réalité. Alors qu'elle tend de toutes parts au réel, au précis, au vrai, au fait, pouvons-nous nous éterniser dans le général, le vague, le vraisemblable, l'idée abstraite et coupée du fait? Alors que la représentation de la vie, de la réalité s'enrichit tous les jours, pouvons-nous nous borner aussi strictement à la création artistique du passé, qui n'est qu'une part très limitée de la vie?

Mais les méthodes scientifiques, l'esprit scientifique rayonnent bien au delà de la science; elles enveloppent ou tendent à envelopper toute l'activité contemporaine. Depuis 1850 et sauf quelques interruptions ou flottements, l'artiste vise à cerner de plus près la réalité dans l'œuvre d'art. Le banquier, qui étudie le lancement d'une affaire, le coulissier, qui reconnaît une situation de place, l'industriel, qui va risquer ses capitaux, le commerçant, qui poursuit méthodiquement la fuyante clientèle, l'homme politique, qui étudie les répercussions de son projet de loi sur la masse des imposables, sont, spécifiquement, dans la même attitude d'esprit que l'historien, le géographe, le philologue; leur activité à tous est régie par les mêmes lois; le succès ou l'insuccès en tient aux mêmes raisons; ils vont tous à la découverte des faits, dont ils recherchent les causes et dont ils visent, dans certaines carrières, à prévoir et à provoquer ou prévenir les effets; et leurs combinaisons réussiront à proportion qu'ils auront serré la réalité ou la vérité de plus près. En tout, l'esprit vraiment supérieur est celui qui sait connaître, grouper et manier le plus grand nombre de faits, en concluant sur eux de la manière la plus prompte et la plus intelligente.

Il me semble de toute nécessité d'offrir à nos élèves, que nous avons le devoir de préparer à la vie, une image en raccourci, une image réduite de cette activité générale. Je dis une image en raccourci, une image réduite, parce qu'ils sont jeunes, et que nous sommes obligés, avant tout, de tenir compte de leurs facultés. Mais, d'autre part, le mot « image » ne suffit pas. Ce qu'il faut obtenir d'eux, c'est déjà une réalisation de cette activité méthodique. Il faut qu'ils produisent, il faut qu'ils créent. Il n'est pas éducatif d'enseigner des résultats. Il n'y a d'éducatif que les méthodes, à condition, bien entendu, de les pratiquer soi-même. Nous avons à susciter autour d'eux et en eux-mêmes une atmosphère et un élan de travail créateur. La classe et l'étude unies doivent devenir une usine, un laboratoire, un lieu de production en commun, où les élèves se forment par un entraînement intense à l'art de penser, et de penser juste, c'est-à-dire sur des faits bien élucidés. Notre idéal est de les rendre intelligents, et méthodiquement intelligents. Savoir d'abord, pour penser et agir sûrement.

Conformons à cet idéal général la composition française. Elle devra, ce me semble, satisfaire aux conditions qui suivent.

Elle sera d'abord une œuvre de création.

Mais création de quoi?

De développement? — Non. Si les élèves ne trouvent que dix ou vingt lignes à écrire, qu'ils n'écrivent que dix ou vingt lignes. Il ne vaut rien d'étirer la pensée, et d'en dépasser par la phrase la longueur naturelle.

Création de l'imagination? — Non, si par imagination l'on entend, comme au couvent, l'art de dépasser le réel, de s'en faire un jeu, de le déformer, de le corrompre par la fantaisie. C'est ainsi que la pensée et l'art même deviennent des mensonges. — Oui, et d'un bout des études à l'autre, si par imagination nous entendons l'habitude de replacer sous les mots, avec leurs couleurs et leurs formes, les choses, les hommes, les faits. La culture de l'imagination ainsi comprise est l'une des méthodes et l'une des fins essentielles de l'éducation. Oui encore, sous réserve de l'âge et des facultés de l'élève, s'il s'agit d'amorcer dès l'école l'imagination du futur spécialiste, qui est pour le philologue, le banquier, l'administrateur, etc., la prévision concrète des possibles.

Création du goût? — Non, ou du moins pas en premier lieu. Nous avons besogne plus pressée que de former des humanistes. Quand, d'ailleurs, la lecture expliquée aura formé le goût, rien n'empêchera de vérifier son affinement par une composition française bien choisie.

Mais j'aimerais que la composition française fût surtout, dès que l'âge et dans toute la mesure où les facultés de l'enfant le permettent, une création de bon sens, de raison, d'intelligence; une élaboration, qui porte soit sur les données sensibles que fournit dans le présent l'observation du réel, soit sur les données précises que fournit l'étude scientifique du passé. Il faut nous prémunir contre les idées abstraites, qui sont notre mal. Il faut diriger l'activité des élèves non vers le développement de ces idées, mais vers la conquête des connaissances positives, précises, du visible, du tangible, conçus d'abord comme objet d'intelligence, puis comme source de jugement. Apprendre à voir, à entendre, à observer, à comprendre, à penser, à conclure, c'est en ce sens, me semble-t-il, qu'il faut orienter la composition française. Une enquête précise, substantielle, méthodique, où les sens entrent en jeu aussi bien que l'esprit, puis une application de l'intelligence et du jugement aux résultats de cette enquête, voilà, je crois, ce qu'elle doit être.

Enfin, quoi qu'elle soit, nous prendrons garde avant tout de la proportionner rigoureusement à l'expérience, à la force d'observation et de pensée des élèves. On dévoye et on fausse l'esprit en voulant le hausser. Défendons-nous d'une mégalomanie, d'une sorte de folie héroïque, nobles sans doute, mais funestes. Contentons-nous de faire très méthodiquement, et assez savamment, des choses très humbles.

J'indiquerai quelques-uns de ces sujets qui me paraissent bons, à divers degrés, parce qu'ils impliquent l'œuvre de pensée dans l'œuvre de recherche ou d'observation. La Querelle des Anciens et des Modernes en fournit trois ou quatre. « Les Modernes affirmaient la permanence des forces de la Nature, et par conséquent l'égalité de l'homme avec lui-même à travers les âges. Les Anciens objectaient que certains climats avaient pu favoriser la production des talents comme des fruits. On demande d'examiner l'objection. » La question est grosse. J'interdirai formellement aux élèves toute métaphysique; je leur défendrai de lire Montesquieu. Je leur mettrai simplement dans les mains une mappemonde et quelques manuels de littérature, et je les prierai d'ouvrir les yeux. Ils *verront,* sur leur mappemonde, qu'à latitude égale les pays ont ou n'out pas produit de grands talents, et que des districts voisins se sont ou ne se sont pas illustrés par de grands écrivains. Ils *verront* dans leurs manuels qu'à égalité de climat les littératures ont eu un commencement, une fin, des éclipses, des retours de splendeur, et que leurs époques de splendeur mêmes ne se ressemblent pas. Le rapprochement de la mappemonde et des manuels leur fera voir que la grandeur littéraire s'est déplacée, des temps anciens aux temps modernes, du Midi vers le Nord, sans que les climats aient varié et sans qu'il soit possible aujourd'hui de soutenir sérieusement la supériorité des Anciens. Ils concluront que le climat n'est pas un facteur décisif; et sans doute sera-t-il sage de les arrêter sur cette conclusion. Le point faible de ce sujet serait de ne coordonner que des faits trop généraux, trop dispersés; mais il a l'avantage de provoquer à la pensée, sans détacher la pensée du support des faits. — Autre sujet, plus psychologique et littéraire que le précédent, et par là moins purement intelligent, moins bon; c'est cette boutade de Stendhal : « Racine était un hypocrite lâche et sournois, car il a fait Néron. » Nous exposerons à nos élèves, si nous le jugeons utile, la théorie littéraire qu'elle recouvre, savoir la conformité de l'auteur avec son œuvre; mais nous leur interdirons formellement de l'examiner, si elle dépasse leurs forces. Ils n'auront qu'à tenir le raisonnement suivant : Pour que la pensée de Stendhal ait du sens, il faut : 1° que Néron soit ce que dit Stendhal, hypocrite, lâche et sournois (vérification sur le texte) : 2° qu'il ne soit que cela (suite de la vérification sur le texte); autrement la pensée serait incomplète, et par là fausse; 3° qu'il soit une création de Racine; or il se trouve que, pour les trois quarts au moins, il est une création de Tacite (souvenir historique. Ceci frôle la question esthétique et n'est d'ailleurs pas sans réponse); 4° que Néron soit, en relief, en couleur, en puissance, un personnage singulier dans le théâtre de Racine; or ils liront dans la Préface de *Britannicus* et ils *observeront* eux-mêmes dans la pièce qu'elle compte d'autres personnages aussi étudiés que Néron, et de qualités ou de défauts à peu près contraires aux siens. Ils *observeront* dans le théâtre de Racine un certain nombre de personnages plus significatifs peut-être que Néron du génie de Racine. Mais ceci dépasse peut-être déjà la force d'observation ou de généralisation de la moyenne des élèves; ils pourront s'en tenir à cette indication sommaire. — Autres sujets encore : de Diderot : « En général, plus un peuple est civilisé, poli, moins ses mœurs sont poétiques..... » (*De la poésie dramatique*, XVII); de Chateaubriand : « Les peuples commencent par la poésie et finissent par les romans : la fiction marque l'enfance et la vieillesse de la société. » Etc. Ils ont tous pour caractère d'organiser une expérience historique plus ou moins précise, plus ou moins importante, sous un point de vue rationnel.

Il s'en faut que l'accord soit fait sur les principes que j'exposais tout à l'heure. Nombre de personnes, — là est le point vif qui nous sépare, — ne pensent pas que la composition française doive être une œuvre de création scientifique et rationnelle, parce qu'elles ne croient ni l'enfant ni le jeune homme capables d'une création de ce genre. Elles ont une opinion, que je crois préconçue, contre le développement précoce de la faculté d'observation ou de la raison chez nos élèves, et par suite une tendance à les tenir perpétuellement en lisière en leur fournissant des matières toutes faites. Les mêmes personnes n'hésitent d'ailleurs pas à leur demander de la critique littéraire. Je crois qu'elles ont tantôt trop bonne, tantôt trop faible opinion de leur intelligence. Pour moi j'aime à leur rendre hommage, et mon hommage se fonde sur plus de dix ans d'expérience. J'affirme avoir toujours obtenu, je dis de la masse de mes élèves, un développement remarquable de raison, de pensée, de jugement. L'expérience la plus agréable de ma vie est, je crois, celle que j'ai faite pendant deux mois seulement, il y a quelques années, en première D. J'y trouvai des jeunes gens qui jusque-là, pour des raisons diverses, n'avaient reçu à peu près aucune culture littéraire (au sens le plus large); ils n'avaient pour ainsi dire jamais fait de devoir français.

Je leur donnai des dissertations et m'attachai d'abord à leur faire comprendre l'identité des méthodes de pensée générale avec les méthodes des sciences mathématiques ou physiques. Je leur représentai qu'une dissertation était un théorème, que je leur en donnais l'énoncé, et qu'ils avaient à m'en fournir la démonstration; qu'ils voulussent bien instituer, varier, retourner, etc., l'expérience comme en physique. C'étaient des jeunes gens fort intelligents, dont l'éducation scientifique était bonne; ils comprirent vite ce langage et firent des progrès merveilleux. Leurs premières dissertations comptaient quelques lignes; plusieurs même me disaient : « Monsieur, je n'ai rien trouvé. — Tant pis. Vous apprendrez à trouver les idées, il y a une méthode pour cela... » Au bout de deux mois, après quelques exercices faits en classe, onze sur treize me remettaient des devoirs déjà très étoffés et très bien pensés. Je me suis laissé dire qu'on leur avait demandé dans la suite, sans succès, de la délicatesse littéraire, de la finesse de style; assurément, ils n'étaient pas capables d'en donner aussi vite, sauf un, toutefois, fils d'imprimeur, très brillamment doué, et qui, sans doute, de voir marcher les presses, de respirer l'odeur de l'atelier, de manier les livres, avait pris cette sorte de sensibilité spéciale qu'on appelle la délicatesse littéraire (*Rires et applaudissements*) [1]. Je conclus de là que nous aurions tort de nous montrer sceptiques sur l'intelligence de nos élèves. Nous pouvons attendre et obtenir beaucoup d'eux, pourvu que nous leur apportions une méthode.

Je ne vois pas de raison absolue pour rejeter aucune forme de composition. Même la lettre, même les discours sont bons, si on les amène à être vrais. Après tout, il s'écrit des lettres dans la vie; et le jeune homme peut avoir ce don

[1] Je n'ai pas besoin de faire observer qu'il n'y a pas en ceci l'ombre d'une concession ni d'une contradiction. Il n'est douteux pour personne que la « culture du sentiment littéraire », quand elle aboutit, demande beaucoup de temps; et cette longueur de temps est l'un de ses points faibles. Mais il n'est pas douteux non plus, du moins pour moi, que la culture de l'intelligence ne soit infiniment supérieure à celle du sentiment littéraire. Entre Fontenelle (moins le bel esprit), Voltaire, Montesquieu, etc., et Ronsard, Racine, Chénier, etc., mon choix est fait. Je n'exclus pas les artistes; mais je les fais passer après les penseurs. N'oublions pas que tout notre système scolaire nous vient encore largement de temps et de gens qui n'avaient pas tendresse de cœur pour la pensée.

d'abondance et de persuasion qui touche à l'éloquence. J'avoue cependant que, s'il dépendait de moi, je les bannirais absolument, tant ils me paraissent irrémédiablement factices en général. Au contraire, je donnerais une large place à l'analyse, à la comparaison; elles exigent de nos élèves un effort précis, limité, adapté à leur intelligence; elles les obligent à comprendre, à discerner l'essentiel de l'accessoire; elles développent le coup d'œil, le jugement; elles sont une gymnastique très profitable. Mais de toutes les formes, celle que je préfèrerais, c'est la dissertation (sans matière). Elle est la plus vraie. Elle est l'attitude naturelle de l'esprit, l'image de la vie. Songer, penser, compter, critiquer son journal, autant de dissertations. Nous sommes tous perpétuellement à l'état dissertant, — je n'ai pas dit pédant ni phraseur. Et à ceux qui ne veulent pas de la dissertation, je ferais volontiers observer qu'au fond de toute lettre, de tout discours, il y a toujours une dissertation, mais compliquée de convenance et d'émotion, détournée, contournée, appauvrie, donc beaucoup plus difficile et beaucoup moins profitable que la dissertation pure.

Je suis convaincu que celle-ci soulèverait bien moins d'objections et compterait bien plus de partisans, si la pédagogie en était mieux connue.

Le premier soin de l'élève, — ceci n'est pas nouveau, mais on peut attacher une importance très différente et apporter une attention très inégale à cette besogne toujours nécessaire, — sera de lire son texte, mot pour mot, tour pour tour. Ici l'explication et la dissertation se rejoignent et se renforcent. Lire, c'est comprendre; comprendre, c'est définir. On ne saurait donner trop de place à la définition. Il ne faut pas que l'élève se laisse entrer dans la tête un seul mot dont il ne conçoive le sens nettement. « Il faut avoir de l'âme pour avoir du goût »; « L'art ne fait que des vers, le cœur seul est poète »; « Ah ! frappe-toi le cœur, c'est là qu'est le génie. » Il est clair que si l'élève ne commence pas par prendre une idée claire des mots âme, goût, cœur, art, génie, son devoir ne sera qu'un tissu de confusions et de sottises. Mais la définition ne doit pas être ce procédé sec, qui met une phrase, c'est-à-dire un groupe de mots, à la place d'un mot. Prise dans toute sa profondeur, elle est ce procédé que Pascal recommandait pour bien penser : la substitution de la définition au défini. Par définition entendez non pas seulement ni surtout le sens intelligible, le sens abstrait, mais les images, les hommes avec leur visage et leur histoire, les objets, les faits, les réalités, en un mot toute la matière, morale, politique, historique, sociale, grammaticale, etc., dont les mots ne sont que le signe ou l'enveloppe. Je ne connais pas de méthode plus décisive pour le développement de l'esprit et des sens. Soit ce sujet, trop touffu et dont une partie dépasserait nos élèves, mais excellent pour ma démonstration : « On a dû faire du style ce qu'on a fait de l'architecture. On a entièrement abandonné l'ordre gothique... ; on a rappelé le dorique, l'ionique et le corinthien... », etc. (La Bruyère, *Ouvrages de l'Esprit*, 15); c'est toute une revue de l'architecture que l'élève est invité à faire par l'image et par des promenades. Les réalités ne sont pas toujours aussi faciles à évoquer, ni d'ordre aussi sensible. « Nous sommes des enfants qui avons besoin d'un tuteur sévère, la difficulté ou la crainte » (Bossuet, *Ambition*, 1er point). Sous les mots *nous*, *enfants*, *tuteur sévère*, *difficulté*, *crainte*, il y a pourtant bien des objets visibles et tangibles à replacer, sans parler de cet auditoire à la fois réel et idéal auquel Bossuet s'adresse, et qu'il faut bien *ranimer en imagination* si l'on veut *comprendre* sa pensée. Les progrès de l'élève se mesureront à la sûreté, à la rigueur de ses « définitions ». Il ira d'abord à tort et à travers ; il définira ce qui est clair, croira voir clair dans ce qui est obscur. Il définira mal, il n'y aura sorte d'extravagance qu'il ne se permette. Il lit le mot « âme » ; il prend son dictionnaire, et il a raison ; il n'en usera jamais trop, pourvu qu'il en use bien ; il y trouve les définitions des théologiens, des philosophes, des écrivains ; il les plaque toutes crues sur son texte et accumule les sottises. Mais le voilà mis devant sa responsabilité. Il a choisi, et il s'est trompé. Il voit, je ne dis pas avec son esprit, mais avec ses yeux, quelle série de contre-sens et d'insanités entraîne le contre-sens initial. Il voit des pans entiers de son devoir s'écrouler et disparaître, comme d'une maison. Ces pages noircies par lui et barrées par le maître d'un seul trait, c'est comme si elles étaient blanches. Il mesure de l'œil l'écart qui sépare la ligne droite du développement, de la ligne fausse. Cela peut se dessiner géométriquement, sous forme d'un angle. Il apprend le prix dont se paie une erreur, tout comme un banquier voit sa combinaison lui craquer dans les doigts et se ruine, s'il a oublié quelque élément essentiel. Peu à peu, à cette école de l'expérience (que supprime la matière dictée), il apprend à discerner, à définir, à mettre sous les mots plus précisément, plus finement, les faits de tout genre qu'ils signifient, à conduire une enquête (nous l'y aiderons), à conduire une pensée.

Ce travail achevé, je l'engage à faire, sous deux ou trois formes différentes, pour s'assurer qu'il a bien compris, la *paraphrase* de son texte, c'est-à-dire à pratiquer d'un bout à l'autre la substitution des définitions aux définis. Et voilà terminée la première partie de sa tâche, qui est de comprendre son auteur.

Reste à mettre en mouvement, à déclancher, si j'ose dire, la machine jugeante, raisonnante, pensante [1]. J'ai trouvé un procédé pour cela; je l'indique non comme le seul, non peut-être comme le meilleur, mais comme bon. Je l'engage à faire précéder sa paraphrase de l'une des *questions* suivantes, qui tantôt résument, tantôt élargissent la recherche, entre lesquelles il a le choix (ici encore, par conséquent, s'exercent son discernement et sa responsabilité) : Quelles raisons l'auteur avait-il de penser que...? Qu'a voulu dire l'au-

[1] Il est clair, d'ailleurs, que dans la pratique ces diverses opérations ne se distinguent pas aussi nettement, se pénètrent à certains égards les unes les autres. Chaque chose se met à sa place quand, le devoir étant préparé, on en arrive à le composer.

leur en disant que...? Pourquoi...? Comment...? Était-il juste en ce temps-là de dire... et pourquoi...? Est-il juste à présent de penser que... et pourquoi...? Et l'élève *se répond* à lui-même : Parce que... Le procédé lui est familier; il en a usé tout le long de son enfance. Ainsi dédoublé, entré en dialogue avec lui-même, il cesse d'être passif, il commence à produire. Cette sorte de maïeutique reprendra du maître à l'élève, pendant la correction. Jamais le maitre n'apportera de plan tout cuit, sans quoi il retomberait dans l'enseignement stérile des résultats. Il ouvrira la conversation avec les élèves, reprendra l'étude du texte, la substitution des définitions aux définis, la paraphrase, la mise en question. Il acceptera leurs idées, les leur fera critiquer, les retiendra si elles sont justes et les classera au tableau noir; et l'ordre n'aura pas grand peine à jaillir de cette recherche en commun et de ce classement. Il donnera des sujets limités, qui valent quinze jours, huit jours, quelques heures de préparation, selon qu'ils sortent plus ou moins du travail fait en classe; il en donnera d'autres plus étendus, mais toujours précis, un mois ou deux à l'avance, s'il le faut. Il démarquera certains sujets et les donnera comme anonymes, c'est-à-dire comme actuels, et les élèves n'auront pour les traiter qu'à s'inspirer de la raison actuelle; il redonnera les mêmes sujets un peu plus tard sous le nom de leur auteur et sous leur date, de manière à leur faire mesurer ce que la connaissance d'un nom et d'un chiffre introduit dans un développement de nouveauté, de précision, de vérité plus fine. La méthode est souple, le maître pourra la varier. Je la donne pour aussi efficace que souple.

Mais il s'en faut que tous les sujets s'y adaptent également bien et soient également éducatifs. D'après nos principes, nous rejetterons les sujets vides ou trop peu riches de réalité, du moins pour des élèves : « La netteté est le vernis des maîtres »; « Il me semble que l'on dit les choses encore plus finement qu'on ne peut les écrire »; « La confiance fournit plus à la conversation que l'esprit »; « Rien ne sert de courir, il faut partir à point. — Mais que faut-il faire si on est parti en retard? » — Parmi ces sujets sans consistance et qui ne rendent pas, nous placerons les énigmes, les antithèses, toutes ces pensées piquantes, pointues, qui attirent au passage l'homme d'esprit par un air d'étrangeté : « L'esprit d'une bête, c'est de ne pas être un sot »; « L'honnête homme est celui qui ne se pique de rien ». Sujet d'ailleurs fort beau, mais à condition que nous prévenions les élèves du piège, que nous leur indiquions la définition de l'honnête homme en les renvoyant aux sources pour l'enrichir ; nous les ferons alors pénétrer jusqu'à un état de politesse et de vie sociales un peu fuyant, mais intéressant. En général, il serait fâcheux d'apprendre à nos élèves à « créer quelque chose de rien » ; de là naît tout bavardage, toute divagation. Il est fâcheux aussi de les obliger en quelque sorte à se tromper: il ne nous resterait que le plaisir stérile de les en blâmer. Ne les envoyons pas à des parties de chasse dont ils reviendraient nécessairement bredouilles. Ce seraient des heures perdues, une fatigue inutile et un effort donné à faux, donc dangereux. — A ces rébus, joignons les vues qui ne sont que des vues : « Il y a grande apparence que, sans Pierre Corneille, le génie des prosateurs ne se serait pas développé » (Voltaire, *Louis XIV*). Il y a toute apparence, il y a certitude du contraire; mais il se serait développé dans un autre sens, que nous ne connaîtrons jamais, et sur lequel, par conséquent, il nous est interdit de spéculer.

Inversement, et presque avec la même rigueur, nous bannirons les sujets trop riches de réalité, si nous ne pouvons pas les limiter. Soit cette pensée de Voltaire : « Molière fut, si on ose le dire, un législateur des bienséances du monde », ou : « Molière a fondé l'école de la vie civile ». Pour l'apprécier, il faudrait fixer d'abord l'état moyen des bienséances avant Molière (*L'honnête homme* de Faret, *Les Lois de la Galanterie* de Charles Sorel, et d'une manière générale tous les romans, ou plutôt tous les livres parus de 1640 à 1660) ; puis l'état moyen de ces bienséances autour de

Molière (l'aboutissement de l'enquête serait le *Nouveau traité de Civilité* d'Antoine de Courtin, paru en 1671 et réédité les années suivantes jusqu'en 1728 au moins); enfin l'état moyen de ces mêmes bienséances après Molière, jusqu'en 1685 environ, jusqu'à la veille des *Caractères*. C'est une enquête énorme; tout le siècle y passerait. Encore serait-on à peu près sûr, au bout du compte, de ne pas pouvoir faire la part exacte à Molière dans le mouvement général des bienséances au XVIIe siècle. C'est donc un sujet mal venu. C'est une de ces « vues » dont je parlais plus haut; et l'on pourra remarquer qu'un sujet mauvais l'est ordinairement de deux ou trois manières à la fois. Celui-là est à rayer définitivement. Et de même celui-ci : « Les hommes et les écrivains du XVIIe siècle ne paraissent guère avoir été sensibles à la nature, et ils se sont montrés peu soucieux de la peindre. Donnez les principales raisons de cette sorte d'indifférence au charme des choses extérieures ». Nous n'irons pas demander à des élèves, pour le XVIIe siècle, ce qui, récemment, donnait matière pour le XVIIIe siècle à toute une thèse. Et en général nous ne couperons jamais aucun sujet des données historiques hors desquelles il cesse d'exister; faute de quoi nous dériverons en verbiage, en lieu commun, des matières précises. C'est ainsi que la « Réponse de Frédéric II à d'Alembert, qui s'était plaint d'avoir été insulté par le *Courrier du Bas-Rhin* et qui l'avait prié de punir l'auteur de l'article », tourne immédiatement en une leçon de libéralisme, peut-être absurde; car enfin la tolérance ne consiste pas à supporter l'outrage, ou la diffamation. Faute de nous renseigner sur l'article du *Courrier*, on nous oblige à rejeter un sujet intéressant en soi-même.

Nous bannirons, ou à peu près, les sujets qui portent sur des réalités fuyantes. « Il faut avoir de l'âme pour avoir du goût »; « Il y a de la douceur à pleurer sur des maux qui n'ont été pleurés de personne ». Les trois quarts au moins des maximes de nos moralistes sont à éliminer, à moins qu'on n'y puisse réintégrer précisément les faits qu'elles enveloppent, ou qu'on n'en désire garder quelques-unes pour la gymnastique de l'esprit. Il y a lieu de réagir, en grec et en latin comme en français, dans la version et dans le thème comme dans la dissertation, contre cette culture abstraite, psychologique et morale, qui finirait par vider notre enseignement de toute substance. Elle assouplit, mais ne nourrit pas.

Nous éviterons aussi, ou à peu près, les sujets portant sur des réalités qu'il n'y a pas avantage à faire connaître de nos élèves. Parmi elles, je rangerais volontiers les problèmes de technique littéraire, les études de talents et de styles, et, en général, la pure critique littéraire. Non que j'entende la bannir. Mais je n'en ferai pas matière de composition française. Cela restera objet de connaissance, ne deviendra pas objet de création. Laissons au plaisir littéraire son ingénuité ; que la réflexion de nos élèves sur leur plaisir soit le retour spontané de l'intelligence qui prend conscience d'elle-même, non un commencement de dédoublement professionnel.

Ces sujets-là permettent d'ailleurs trop facilement la compilation, le copiage, quand ils n'y obligent pas. Soyons féroces pour le plagiat, petit ou grand. Donnons des sujets qui le rendent impossible. Vérifions les copies avant de les accepter définitivement ; et s'il s'en trouve de suspectes, faisons les refaire sur-le-champ. Mais il est très aisé de donner aux élèves non pas la fierté, mais la probité et le plaisir de *leur* pensée. Donc pas de questions de cours, à moins qu'elles ne se recoupent les unes les autres et n'obligent les élèves à un effort d'élaboration intelligente.

Enfin, si séduisant, si riche, si éducatif même qu'il nous paraisse *à nous*, rejetons impitoyablement tout sujet qui déborde l'expérience de l'élève (Décrire un lever de soleil sur les bords du Gange), ou qui dépasse ses connaissances soit actuelles, soit réalisables, ou qui excède sa force de raison. Il ne serait point raisonnable qu'un professeur donnât à ses élèves des devoirs qu'il serait peut-être embarrassé de bien traiter lui-même.

Par contre, nous retiendrons tous les sujets qui, proportionnés aux forces de l'élève et le forçant à l'activité créatrice, réalisent un triple gain de connaissances, de méthode et de pensée ; et nous irons les prendre partout.

La grammaire et l'histoire de la langue nous en fourniront. La formation du roman, la lutte du français et du latin au XVIe siècle, la constitution du purisme, le néologisme, les emprunts aux langues étrangères, l'orthographe, l'argot même, autant de questions que nous avons cent moyens d'atteindre par des devoirs français. Les livres d'érudition ou de vulgarisation existent, ou commencent à exister. C'est à nous de tenir nos bibliographies et nos bibliothèques à jour. Et nous ferons traiter ces sujets, comme tous les autres, à la bonne manière copieuse et succulente du XVIe siècle, non à la manière pincée et pudibonde du XVIIe.

L'histoire, l'histoire littéraire, l'histoire des idées, l'histoire des mœurs seront une mine inépuisable, et nous irons de préférence à ces grands mouvements climatériques, la Renaissance, la Réforme, la Querelle des Anciens et des Modernes, le Rationalisme, le Romantisme, etc., dont une vue claire, précise et étendue doit entrer dans toute éducation bien faite, ne serait-ce que pour comprendre le présent.

Nous ferons leur place à la morale, à la politique, et à leur histoire. Il est inadmissible que nos élèves sortent de nos mains sans connaître les idées de tradition, de *novation*, de liberté, de solidarité, de démocratie, soit sous leurs formes passées, qui ont déterminé la cité d'aujourd'hui, soit sous leurs formes actuelles. Nous éviterons d'en exiger de nos élèves une sorte de reproduction ou de récitation, parce que ce serait favoriser l'automatisme, et que notre rôle essentiel est de mettre les esprits en mouvement ; nous les leur ferons trouver dans les mille et une batailles, si émouvantes, que les ancêtres ont livrées, sans renoncer d'ailleurs à les leur exposer dogmatiquement. Ce seront les réflexions de

Michel-Ange sur le manque d'esprit critique et l'injustice de ses contemporains, admirant une statue de lui, tant qu'ils la croyaient un antique, puis revenant sur leur admiration. Ce sera la lettre de Montaigne à ce docteur de Pise condamné par le Saint-Office pour aristotélisme. Sujets qui amorcent des recherches intéressantes sur deux formes d'esprit assez répandues au moyen âge, etc.

L'histoire de la science, et non pas seulement dans la section C, ouvrira aussi de beaux horizons. Par elle, nous commençons à orienter plus étroitement la composition française vers la vie. Il sera sans doute difficile de faire faire aux élèves de petites enquêtes de fait sur le temps présent. Mais leur expérience déjà peut prêter à des méditations étendues. La pensée de Bossuet que je citais tout à l'heure : « Nous sommes des enfants... », s'appuiera sur elle fermement. — Nous pourrons éclairer le passé de la lumière du présent. Si nous leur donnons à écrire ce discours d'un Constituant qui propose de limiter à cinq minutes le temps accordé à chaque orateur, nous les enverrons par petits paquets aux deux Chambres, un jour où parle un de ces orateurs prolixes qui se promènent, roulent, tanguent, font du poing à la tribune, qui divisent leurs discours en trois points dont deux ordinairement sont de trop, qui brûlent leur poudre à l'électeur. Nous les y renverrons, un autre jour, entendre un de ces orateurs nerveux, serrés, lucides, qui font revivre parmi nous la tradition de Démosthène, sans l'avoir lu. Ils imagineront sans peine après cela, je suppose, les arguments que l'on peut faire valoir pour ou contre la mesure proposée. Nous ne négligerons pas une occasion de rapprocher, avec les précautions nécessaires, le passé du présent. — Sans doute aussi l'imagerie de tout ordre, les promenades dans les musées, la prise de contact avec les usines ou les magasins, le mouvement de la rue, toute l'organisation moderne de la cité nous fourniront-ils des sujets aussi éducatifs qu'intéressants. Ce sont les plus difficiles à trouver, parce que ce sont ceux pour lesquels nous sommes le plus mal préparés. Nous avons à rompre avec nous-mêmes, à nous évader d'une éducation toute livresque compliquée encore d'internat. Cela est dur. Il faut nous mettre à collectionner les réalités sensibles, avec le même zèle que nous éprouvâmes à collectionner les idées abstraites. Nous avons à refaire l'éducation de nos sens, pour faire l'éducation des sens de nos élèves. Et sans doute les choses écrites sur lesquelles nous travaillons sont des objets que nous savons observer; mais elles ne sont pas les seuls ni les principaux objets de la réalité. Gardons le rationalisme, mais nourrissons-le de faits, et revenons à une méthode réaliste dont une tradition plusieurs fois séculaire nous a éloignés et à laquelle toute la vie moderne nous invite.

Que devient en tout cela l'esthétique? Eh bien! « l'esthétique », évidemment elle n'a plus une place d'honneur, une place exclusive. Mais faut-il le regretter? Ne se serait-elle pas taillé jusqu'à présent une part excessive? Les temps sont changés. Nous n'avons plus à élever des jeunes gens pour la plupart bien rentés, en faveur de qui conspirent toutes les forces sociales, et qui viennent nous demander une parure pour leur esprit, un ornement pour leur vie. Nos élèves auront à se faire leur place eux-mêmes, rudement, et nous avons à les y préparer. Nous leur devons de leur donner une vue nette, un coup d'œil prompt, un esprit agile et perçant, une intelligence éveillée et active, une bonne méthode de travail et de vie, une énergie créatrice. L'idéal serait que si, par suite d'un revers de fortune, un enfant nous était retiré brusquement, au milieu ou vers la fin de ses études, sans pouvoir suivre les cours des Universités et pénétrer dans une des carrières dites libérales, cet enfant-là ne se trouvât pas dépaysé dans la vie et, sans secousse, instinctivement, appliquât à une autre matière la méthode dont nous l'aurions muni. Nos exercices scolaires, très éloignés de la vie par leur contenu, peuvent être très près d'elle par l'esprit dont nous les animons. Il est aisé de faire percevoir aux élèves, sous ces apparences si dissemblables, les analogies profondes. Et alors je crois que ce jeune homme n'aurait pas perdu son temps avec nous. Nous aurions fait de lui un homme adapté à son temps, actif, instruit, curieux du réel, passionné pour le vrai et sachant le trouver, intelligent, d'un bon sens précis, point dupe des mots, capable de se conduire pour son propre bien et pour celui de la cité.

C'est dans cet esprit à la fois intellectualiste et réaliste, qu'il faut, je crois, concevoir la composition française, comme tout le reste de notre enseignement. Qu'elle soit une création d'énergie, de méthode, de science et de raison.

Cette discipline ne diminue pas la culture, elle l'étend et l'approfondit. Du goût et du sentiment littéraire elle la fait passer à l'intelligence ; de la forme, au fond ; de la critique abstraite, à la raison concrète. Elle exige du professeur plus de méthode et plus de science, plus de travail aussi ; elle laisse aux élèves plus de méthode et plus de connaissances. Ils en ont faim, ils se jettent dessus, autant qu'ils restent froids aux abstractions. Une seule difficulté sérieuse : leur grand nombre et la difficulté de leur procurer des livres. Mais d'abord ces livres existent beaucoup plus que nous ne croyons. Attentifs à la seule critique abstraite, nous avons peuplé nos bibliothèques de livres d'idées. Je ne prétends pas les en chasser, loin de là; mais à côté d'eux je demande une place pour les livres de faits et de mœurs. Puis, qui nous empêche de donner les grands sujets, ceux qui nécessitent de longues recherches, un mois, deux mois même d'avance, en tenant la main à ce que nos élèves les préparent ? S'il est trop difficile, décidément, à quarante élèves de se procurer le livre nécessaire sur une question essentielle qui nous tient à cœur, pourquoi ne le lirions-nous pas en classe ? Mais enfin si le livre indispensable, soit le livre de documents réédité dans les temps modernes, soit le livre d'érudition tout proche du document, soit même l'excellent livre de vulgarisation, n'existe pas, force nous sera de nous abstenir, jusqu'à ce que le besoin ait créé l'organe. Tout sujet qui n'a pas été débrouillé scientifiquement ou qui n'est pas aisément accessible ne doit pas exister pour l'Enseignement secondaire, et doit être banni de nos classes. Il suffira de quelque attention, de quelque prévoyance, pour choisir à bon escient les sujets que nous proposerons [1].

(1) Le temps m'a manqué pour présenter plus d'un développement. Mais il y a un avertissement, au moins, que je n'aurais pas dû laisser tomber; c'est celui-ci : J'avais l'intention de prévenir que je ne parlerais ni pour les rhétoriques supérieures qui, naturellement, ne pourraient que s'inspirer des principes reconnus justes pour le reste de l'enseignement, car il serait contradictoire que de futurs professeurs oubliassent pendant leurs années de préparation professionnelle les disciplines qu'ils auraient reçues comme élèves et qu'ils seraient chargés d'appliquer comme maîtres —, ni pour le premier cycle, pour lequel je n'étais pas compétent. Mais je pensais dire que ces principes d'activité créatrice et d'adaptation aux facultés des élèves me paraissaient valables pour tout l'enseignement, et qu'il ne restait plus qu'à reconnaître le degré d'expérience, ou d'imagination, ou de raison, des enfants, puis à trouver les devoirs appropriés.

La discussion des deux conférences qui précèdent a eu lieu le 11 février, sous la présidence de M. A. Cahen, inspecteur de l'Académie de Paris.

Voici le compte rendu sténographique, revisé par les interlocuteurs :

M. le Président. — C'est à M. Lanson que revient la présidence des discussions. Mais, comme sa conférence doit être discutée aujourd'hui, et qu'il sera probablement appelé à intervenir, il m'a prié de le remplacer pour cette fois. Dès la seconde discussion, M. Lanson reprendra cette place, qui est la sienne.

Si vous le voulez bien, nous établirons cet ordre, qui est naturel : on discutera d'abord la première conférence, celle de M. Lanson, et ensuite celle de M. Rudler ; et même, pour chacune de ces conférences, nous pourrons introduire un ordre correspondant à celui qu'ont suivi les conférenciers eux-mêmes : pour la conférence de M. Lanson, qui portait sur *la crise des méthodes dans l'enseignement du français*, nous pourrions discuter d'abord sur la situation présente et sur les causes qu'on peut lui attribuer, et deuxièmement sur les remèdes que M. Lanson ou que vous vous pouvez proposer d'y apporter.

M. Fedel (Lycée Henri IV). — Je ne veux pas enlever à ceux de nos collègues dont la méthode a été attaquée dans deux conférences l'honneur de répondre aux critiques qu'on leur a adressées ; je me bornerai simplement à poser deux ou trois questions, afin que la nature de ces discussions soit bien précisée.

La première question est celle-ci : quelle est *la portée* et quelle peut être *la sanction* de ces discussions ?

L'an dernier, nos collègues d'histoire ont reçu une circulaire qui a suivi les travaux du Musée Pédagogique ; dans cette circulaire, que j'ai sous les yeux et qui se trouve dans le *Bulletin du*

Ministère de l'Instruction publique du 21 mars 1908, n° 1818, je lis les lignes suivantes :

Les instructions qui suivent ont été rédigées pour répondre aux vœux discutés et adoptés par les professeurs de l'enseignement secondaire dans les conférences tenues au Musée Pédagogique, année 1907.

D'autre part, j'ai lu dans plusieurs journaux, en particulier dans le *Temps* et dans *Paris-Journal*, une interview de M. Lanson, dans laquelle je découpe les lignes suivantes :

Les conférences que je fais aux professeurs sur la question seront suivies de discusssions d'où, je l'espère, il sortira l'adoption d'une méthode précise et rationnelle.

Je me demande si la discussion qui va avoir lieu aujourd'hui sera effectivement suivie d'une sanction, et si elle se traduira pour nous par une circulaire, dans laquelle on nous dira que les instructions qu'on va nous adresser sont l'expression des vœux de l'enseignement secondaire. S'il en est ainsi, je demanderai si l'assemblée a mandat pour représenter tout l'enseignement secondaire. On ne saurait le soutenir un seul moment.

La dernière fois, j'ai compté 93 professeurs (du moins j'aime à croire qu'ils étaient tous professeurs) et 67 dames, parmi lesquelles j'ai remarqué un certain nombre de jeunes filles, qui avaient encore des nattes dans le dos.

Quelque bonne idée que j'aie de la précocité de nos collègues de l'enseignement secondaire féminin, je me demande si ces jeunes filles, qui avaient de 10 à 16 ans, pouvaient être considérées comme des collègues, et si elles étaient véritablement compétentes pour trancher de si hautes questions. (*Rires.*)

Tous ceux qui sont ici savent (s'ils ne le savent pas, du moins je puis le leur dire) qu'il y a eu dernièrement, au Ministère de l'Instruction publique, plusieurs séances d'une commission composée d'inspecteurs généraux, d'inspecteurs d'Académie et de professeurs; cette commission, elle aussi, a pour mandat de rechercher les causes de la crise ou de la prétendue crise du français et d'en trouver les remèdes. Est-ce qu'il y a double emploi entre les travaux de cette commission et les travaux du Musée Pédagogique? et que faut-il penser de ce double emploi?

Enfin, que devient la province dans tout ceci? On paraît oublier que les professeurs de province sont encore plus nombreux que les professeurs de Paris; et, si on leur envoie, à la suite des travaux de cette commission du Ministère et des travaux du Musée Pédagogique, un certain nombre d'instructions impératives, par voie de circulaire, ils peuvent se plaindre de n'avoir pas été consultés...

M. Lanson. — Si M. Fedel veut, pour lui permettre de se reposer un peu, que je réponde à cette première question très brièvement, il pourra ensuite reprendre la suite de son exposé; ou bien voulez-vous vous reposer et je vous répondrai plus tard ?

M. Boudhors (Lycée Henri IV). — Il me semble que les questions posées par M. Fedel sont précises; elles se réfèrent, avant tout, à un texte qu'il a cité, qui a paru dans le *Bulletin du Ministère de l'Instruction publique* à la suite des discussions du Musée Pédagogique, comme représentant des opinions adoptées par les professeurs d'histoire. En sera-t-il de même pour nous ? Je crois que c'est là essentiellement la question qui est posée ici par M. Fedel.

M. Lanson. — Voulez-vous que je réponde tout de suite à cette question qui est une question de fait ?

En premier lieu, vous savez tous comme moi ce que sont les interviews qui paraissent dans les Journaux. Je n'accepte pas la responsabilité de telle ou telle formule dont l'élasticité laisse place à toutes les interprétations. A ce qui a paru dans un Journal j'opposerai la sténographie de cette conférence, que j'entends — comme j'en ai le droit — corriger pour l'impression, mais je vais vous lire aujourd'hui la sténographie non corrigée, c'est-à-dire exactement ce que j'ai dit :

Je ne crois pas qu'une telle méthode (celle que je recommande, bien entendu) puisse se commander par voie administrative; je ne crois pas qu'elle pu sse se prêcher par une propagande extérieure aux établissements d'instruction publique eux-mêmes.

On peut présenter des idées que l'on croit vraies, mais on ne peut pas endoctriner les gens du dehors; il faut qu'ils s'endoctrinent eux-mêmes.

Cette formule, dans son négligé, suffit à expliquer ma pensée. Je ne crois pas qu'une méthode puisse se commander par voie administrative, et j'ai voulu dire que nous nous étions réunis ici pour que mes collaborateurs et moi nous exposions nos idées, et pour que vous les discutiez tant ici que hors d'ici; et vous en ferez ensuite ce que vous voudrez.

Quant aux autres questions que M. Fedel a soulevées, je ne peux pas y répondre; j'ignore les intentions de l'Administration, dont je ne suis pas; j'ai été prié par le Directeur du Musée Pédagogique dont c'est l'office, au nom de M. le Recteur, de faire une conférence pour exposer mes idées que personne ne m'avait demandées préalablement; j'ignore dans quelle mesure elles sont celles de M. Langlois, j'ignore dans quelle mesure elles sont celles de M. le Recteur; je ne suis pas de la commission qui s'est réunie au Ministère; je n'ai ni à démentir d'avance ce qu'elle fera ni même à le juger; je n'ai qu'une chose à dire : je ne sais pas ce qu'elle fait.

Pour la question du double emploi, j'ignore d'après quelle conception de la liberté d'opinion et de discussion, du fait qu'il y a une commission administrative réunie quelque part au Ministère, il nous serait interdit de venir ici causer entre nous sur les méthodes.

D'autre part, je suis d'accord avec M. Fedel sur ce point que les 80, 100 ou 150 personnes qui sont ici ne peuvent pas représenter l'enseignement secondaire, et je ne pense pas qu'il soit entré dans l'esprit de personne de faire rendre un vote. Nous n'omettons pas la province. Nous avons, ou du moins, ne voulant engager personne autre que moi, j'ai d'autant moins de raisons d'omettre la province que je suis persuadé que c'est dans la province que les idées que j'exposais devant vous trouveraient le meilleur accueil, et j'ai des raisons pour le croire.

La province connaîtra, par la publication de ma conférence, quelles sont mes idées; la province me discutera, la province jugera ces idées, la province en tirera, comme Paris, ce qu'elle voudra; c'est son affaire et non pas la mienne. Je suis venu ici parce que j'ai toujours trouvé très bon que les gens qui avaient des idées qu'ils croyaient vraies les fissent connaître au public, et je n'ai pas de raisons pour ne pas venir exposer les miennes. Voilà tout.

M. Fedel. — Je remercie M. Lanson des déclarations qu'il vient de faire. Je tiens simplement à constater que nous pouvions craindre, d'après le précédent des historiens, comme je vous l'ai montré par un texte officiel, que des discussions qui vont avoir lieu ici ne sortît un texte impératif.

En présence des explications de M. Lanson, dont je prends acte, je retire l'expression des craintes ou des appréhensions que j'avais manifestées tout à l'heure.

M. Lanson. — Je dois ajouter une réflexion : je ne voudrais pas retirer à M. Fedel ses appréhensions et ses craintes; je n'ai pas qualité pour cela. (*Rires.*)

Je ne suis en aucune manière le confident de l'Administration, je ne sais pas dans quelle mesure l'Administration, si elle se met au courant de nos discussions, croira avoir quelque chose à en tirer ; je n'ai pas à prévoir ce que fera l'Administration, je ne la connais pas.

Tout ce que je puis dire, c'est que moi, je suis venu ici absolument indépendant de l'Administration, sans rapport avec elle, sans lui avoir demandé qu'elle tirât, et sans qu'elle m'ait fait prévoir qu'elle tirerait le moindre parti de ce que mes collaborateurs et moi nous dirions.

M. Fedel. — Voici maintenant une seconde question : l'intérêt qui s'attache à la crise du français, si vous me permettez d'insister sur ce point, vient en grande partie d'une certaine enquête qui a été faite dans le Journal: *L'Enseignement secondaire*. Vous allez voir que ce point est assez important pour qu'il y ait lieu de le préciser.

Voici en effet ce que je lis dans le compte rendu officiel de la discussion au Sénat, le 20 décembre 1908 :

M. Couyba. — Est-il vrai que l'application du plan d'études de 1902 a eu pour conséquence un affaiblissement de l'étude du français dans notre enseignement secondaire? Est-il vrai que chez la majorité des élèves on constate aujourd'hui une insuffisance inquiétante de la culture française ?

Voilà le fait affirmé dans les revues de l'enseignement secondaire ; je pourrais, si je ne craignais d'abuser de la bienveillance du Sénat, vous en apporter des témoignages ; car j'ai là les documents. (*Parlez ! parlez !*)

Si ce fait est vrai, il ne peut avoir qu'une cause : l'insuffisance du temps accordé à l'étude très importante du français dans nos lycées et dans nos collèges.

En effet, ainsi que le déclarent, dans la proposition soumise actuellement aux délibérations du Conseil supérieur de l'Instruction publique, un certain nombre de membres très distingués de ce Conseil, parmi lesquels M. Bernès, l'enseignement français, surtout depuis la réforme de 1902 qui, vous le savez, n'a réservé qu'à un certain nombre d'élèves l'étude du grec et du latin, est devenu, en quelque sorte, le pivot de l'éducation littéraire de la majorité des jeunes gens.

Donc, si vous maintenez, dans les classes supérieures, la diminution du nombre d'heures consacrées à cet enseignement, soit trois heures par semaine, il est à craindre, semble-t-il, comme le craignent précisément certains professeurs, que la culture générale littéraire de la Jeunesse française ne s'en ressente.

M. de Lamarzelle. — Vous avez bien raison.

M. Couyba. — Voilà pourquoi ces professeurs ont déposé la proposition dont je viens de parler, et dans laquelle ils affirment qu'il est nécessaire que les classes de français suppléent, au point de vue de l'éducation littéraire et morale, à ce qui lui a été retranché par ailleurs.

Ces classes, du reste, ne comprennent pas seulement l'étude d'une langue et d'une littérature, celle que de jeunes Français doivent le plus approfondir, mais encore l'étude directe et méthodique de l'art de penser, d'écrire et de composer. Trois leçons par semaine dans les classes supérieures pour un enseignement aussi complexe semblent à ces mêmes professeurs insuffisantes à l'effet d'apprendre aux jeunes gens de quinze, seize et dix-sept ans, la gymnastique de la pensée, la justesse de l'expression et le génie de notre langue. (*Très bien! très bien!*)

Les auteurs de la proposition faite au Conseil supérieur de l'Instruction publique concluent dans les termes suivants :

« En conséquence, et sans préjudice des autres mesures qui, sans porter atteinte aux autres enseignements inscrits au programme, pourraient être étudiées en vue de rendre à l'enseignement littéraire, dans son ensemble, plus de cohésion et d'efficacité, nous exprimons à M. le Ministre le vœu que le nombre des heures de classe attribuées chaque semaine au français soit augmenté dans les diverses sections du second cycle d'enseignement. »

Je crois en avoir assez dit pour montrer l'intérêt pédagogique qui s'attache à cette question du français dans l'enseignement des lycées et collèges. Ai-je besoin d'ajouter à cette tribune que cette question n'est pas seulement pédagogique, qu'elle est nationale au premier chef? C'est pourquoi j'ai cru devoir la poser devant le Sénat.

Une des formes les plus hautes et les plus incontestables du patriotisme n'est-elle pas, en effet, le respect et l'amour de la langue française, de cette langue qui, de Montaigne à Pascal, de Bossuet à Voltaire, de Jean-Jacques Rousseau à Chateaubriand, de Paul-Louis Courier à Anatole France, a produit tant de chefs-d'œuvre d'une si lumineuse clarté? (*Très bien! très bien!*) Si l'on ne veut pas que sa destinée soit celle de la «Peau de Chagrin» de Balzac, qui va constamment en se rétrécissant, et si vraiment la crainte exprimée par les professeurs est fondée, il vous appartient, Monsieur le Ministre, d'apporter au mal signalé par eux, et que je ne veux pas exagérer, un remède simple et facile, étant donné la souplesse qui caractérise précisément la réforme de 1902.

Il vous suffira de remanier légèrement l'horaire général pour renforcer l'étude du français, et j'ai pleine confiance en votre sollicitude avertie et éclairée pour la solution de cette première question. (*Très bien! très bien!*)

Comme vous venez de le voir, la question était très nettement posée; il s'agissait de savoir s'il était vrai, oui ou non, que la diminution des heures d'études consacrées au français, soit dans le premier cycle, soit dans le second, surtout dans le second, avait eu pour conséquence un affaiblissement de l'étude du français.

Voici quelle a été la réponse de M. le Ministre :

M. le Ministre. — M. Couyba, ému de certains renseignements qu'il avait reçus de la part de pro esseurs de l'enseignement secondaire, estime que l'enseignement du français subit, à l'heure actuelle, un fléchissement dans nos lycées. Il y a, dans ces craintes, beaucoup d'exagération. Il n'est pas douteux que l'application des programmes de 1902 donne lieu à quelques difficultés. Ces programmes, en effet, sont plus complets et plus complexes que les précédents. On a voulu, répondant à un désir que renouvelait tout à l'heure à cette tribune l'honorable M. Couyba, les rendre en même temps quelque peu pratiques et utilitaires, et on y a fait, par conséquent, une place beaucoup plus grande à tout ce qui touche aux sciences ou aux applications des sciences. Le latin, le grec, le français n'ont plus, dans ces programmes, l'importance qu'ils avaient autrefois, et il en résulterait certains inconvénients. J'ai dit tout à l'heure que les craintes de M. Couyba étaient peut-être exagérées ; mais je reconnais, cependant, qu'il est une mise au point à effectuer. Je me suis occupé de cette question, tout récemment, puisque, après avoir pris l'avis de l'Inspection générale, j'ai demandé au Comité des inspecteurs généraux de se réunir afin d'étudier la question et de préparer une instruction, comme on l'a fait pour l'histoire et pour les autres branches de l'enseignement,

Et pour bien montrer le caractère pratique que doit avoir cette instruction, j'ai voulu que toutes les compétences fussent appelées à donner leur avis; j'ai adjoint aux inspecteurs généraux, qui l'avaient eux-mêmes demandé, un certain nombre de professeurs de l'enseignement secondaire, qui apporteront à la Commission le résultat de leur expérience pratique de chaque jour.

Cette Commission étudiera donc les instructions qu'il est nécessaire d'élaborer pour imprimer tout son développement à l'enseignement du français.

Je suis convaincu que de cette étude résulteront de nouvelles méthodes de travail qui répondront aux préoccupations légitimes de l'honorable M. Couyba (*Officiel*, 21 décembre 1908).

Il me semble évident qu'il y a là une confusion, et une confusion peut-être voulue, dans la manière de poser la question.

Je n'insisterais pas là-dessus, s'il ne me semblait que M. Lanson, au début même de sa conférence, était tombé dans la même erreur et avait fait la même confusion. Il nous a dit (je crois m'en souvenir exactement) « qu'il faudrait qu'un enseignement fût bien malade (je ne suis pas sûr de la forme, mais il me semble bien que c'était l'idée) si l'on était obligé, pour le guérir, d'avoir recours à ce seul remède ».

Eh bien ! je dis que c'est, au contraire, la véritable question, et je vais essayer de le prouver.

Quelle était la situation dans ce que j'appellerai l'ancien régime ? Prenons par exemple une classe de première ; il y avait alors 12 heures de lettres par semaine. J'ai ici l'horaire des tableaux de Lyon. Je vois qu'en 1901, dans une première de Lyon, il y avait 12 heures de lettres; et ces 12 heures étaient partagées en 3 parties : 4 pour le français, 4 pour le latin et 4 pour le grec. Que la distribution ne se fît pas d'une façon exactement mathématique, c'est certain; mais, en gros, et dans la pratique, chaque branche de l'enseignement avait à peu près son contingent de 4 heures; j'ajoute à cela que c'étaient 4 heures pleines, sans diminution d'aucune nature venant de récréations.

Que se passe-t-il au contraire maintenant ? L'enseignement du français est réduit non pas seulement à 3 heures, c'est-à-dire à 180 minutes, mais, par suite des récréations d'interclasse, conséquence nécessaire du système des classes d'une heure, il est réduit à 150 minutes environ

M. Lanson nous dit : « Le temps ne fait rien à l'affaire ». C'est un vers de comédie. Je lui répondrai par une autre citation de comédie : « Il faut le temps ».

Comment voulez-vous, avec la surcharge prodigieuse des programmes que les réformes de 1902 ont apportée à l'enseignement, comment voulez-vous avoir en deux heures et demie le temps matériel de faire les exercices prévus pour la classe? Comment voulez-vous que l'enseignement du français n'en souffre pas?

Je vais plus loin. Je ne sais pas si vous avez regardé l'horaire total d'une semaine. Je vais vous en donner une idée; j'ai ici le *Plan d'études et les Programmes de l'enseignement des lycées et collèges* après la réforme de 1902. Vous allez voir le nombre d'heures qui est accordé à chaque enseignement :

Première : *section* A, 24 heures par semaine;
section B, 24 heures par semaine;
section C, 25 heures par semaine;
section D, 27 heures par semaine.

Prenons la Seconde; c'est à peu près la même chose: 23, 23, 26, 27.

Dernièrement, au Lycée Henri IV, nous avons été invités par M. le Recteur Liard à distribuer le plus exactement possible, à quelques minutes près, — car on arrive à cette précision maintenant — nous avons donc été invités à préciser à une minute près le nombre des heures qui devaient revenir en étude à chaque enseignement. Savez-vous ce que nous avons trouvé? Nous avons trouvé que, pour une raison ou pour une autre, le nombre des heures d'étude était réduit de telle façon que, pour sept heures de latin et de français, en seconde C, il n'y a pas plus de dix heures et demie d'étude; et encore, je dois ajouter, au risque de blesser mes collègues de mathématiques et de physique, que j'ai un peu triché; si on regarde de très près, on trouvera un maximum de dix heures.

Pour le français, procédez à la même distribution, et partagez en tranches, le plus exactement possible, suivant les injonctions qui nous sont adressées, le temps dont les élèves peuvent disposer; vous verrez qu'nn élève de deuxième C, pour faire ses devoirs, ses préparations, apprendre ses leçons et faire les lectures qu'on lui recommande, ne peut disposer que des trois septièmes de dix heures, c'est-à-dire de quatre heures et quart.

Peut-on nier que la question d'horaire ne soit la véritable question?

Vous me dites : le temps ne fait rien à l'affaire. Encore faut-il le temps. C'est un argument contre lequel il n'y a rien à dire et que je ne cesserai de répéter. C'est là ce qui fait le sujet des plaintes universelles, ou presque universelles, de nos collègues de province et de Paris. Si vous les consultez, il vous sera bien difficile d'en trouver qui ne vous avouent que le nombre des heures consacrées au français est véritablement insuffisant, soit en classe, soit à l'étude. Et ce n'est pas d'ailleurs la seule imperfection des programmes de 1902.

Voilà quel est, à mon sens, et de l'avis de beaucoup de mes collègues, la véritable façon de poser la question ; et c'est véritablement vouloir rabaisser un peu le débat que d'écarter dédaigneusement, au commencement d'une discussion, cette question préliminaire. En réalité, c'est bien la réforme de 1902 qui est en cause avant toute autre chose.

Je comprends que beaucoup n'aiment pas à voir attaquer cette réforme ; on a toujours pour son œuvre des entrailles de père, je le comprends ; mais enfin, nous nous apercevons chaque jour que l'application de cette réforme présente des inconvénients réels ; nous sommes obligés de les signaler, et nous le faisons.

Voilà le second point sur lequel je voulais appeler l'attention de mes collègues.

Il y en a encore un troisième : nos collègues, comme vous le savez, se réunissent chaque année, au mois d'avril, lors des congés de Pâques, en congrès général.

Voici le texte d'un ordre du jour qui a été adopté à la presque unanimité dans la séance du samedi, 25 avril, au soir :

«Le Congrès,

«Considérant que l'unité de direction générale et la continuité des méthodes de classe en classe sont à coup sûr nécessaires à la bonne marche de l'enseignement, mais qu'il est indispensable aussi que chaque professeur, loin d'être, selon la conception si nettement condamnée par une récente circulaire ministérielle, réduit «à enseigner «suivant des méthodes et des principes acceptés sans discussion et sans «foi et imposés d'autorité», soit au contraire libre d'adapter ces méthodes à son tour d'esprit et à celui de ses élèves ; qu'il doit mettre sur son enseignement sa marque personnelle et pouvoir y faire preuve d'initiative,

« Émet le vœu :

« 1° Que les directions générales de l'enseignement ne soient fixées et modifiées qu'après délibération des conseils élus de l'Université, conseils académiques et Conseil supérieur ;

« 2° Que dans chaque lycée, au début de chaque année, comme c'est d'ailleurs légal, les professeurs d'une même classe ou d'un même enseignement soient réunis pour se concerter ;

« 3° Que, les grandes lignes ainsi déterminées, la plus grande liberté soit laissée à chaque professeur dans ses méthodes et ses procédés d'enseignement. »

. . . .

Je tenais beaucoup à vous faire connaître ce texte, afin de vous faire connaître par la même occasion le désir de la grande majorité de nos collègues : le plus de liberté possible, le plus d'initiative possible, le moins de circulaires possible.

Tels sont leurs desiderata.

Soyez persuadés que les méthodes les meilleures (en fût-il de meilleures que celles que nous avons suivies, en fût-il de bien meilleures que la vôtre), soyez persuadés que ces méthodes ne vaudront rien, si le professeur ne se préoccupe pas, auparavant, de les adapter à la composition particulière de sa classe ; et, j'irai plus loin, soyez persuadés que ces méthodes ne vaudront rien, si le professeur n'y croit pas. (*Applaudissements.*)

M. Lanson. — Il y a dans l'exposé de M. Fedel, je tiens à le dire en commençant, quelque chose qui m'a infiniment plu, quelque chose sur quoi nous sommes absolument d'accord tous les deux. C'est qu'une méthode ne donnera jamais de bons effets dans l'application si elle n'est pas adaptée à la classe à laquelle elle se donne, et je crois que ma conférence n'avait pas d'autre sens que de demander une plus rigoureuse adaptation de l'enseignement aux élèves.

M. Fedel a ajouté qu'une méthode ne donnerait jamais de bons effets si les professeurs qui l'appliquaient n'y croyaient pas. Je suis d'autant plus de son avis que, si quelque chose a compromis dans une certaine mesure, dans certaines classes, les réformes, excellentes en elles-mêmes, de 1902, c'est qu'elles ont été appliquées par des hommes qui n'y croyaient pas, — cela c'est leur affaire — mais qui ont dit trop haut, devant leurs élèves, qu'ils n'y croyaient pas, et qui le disent encore... (*Protestations.*)

M. Boudhors. — Vous pourrez citer deux, trois, dix exemples, sans y fonder une raison.

M. Lanson. — Bien entendu, je ne généralise pas. Mais je dis qu'il y a des hommes, des professeurs, qui ont démontré la vérité de cette parole à l'occasion de la réforme de 1902. Je dis que cette réforme ayant établi quatre sections pour le second cycle, ayant établi dès la quatrième, dans le premier cycle, la faculté de ne pas faire de grec, en plus d'un lieu il s'est exercé une pression singulière pour faire déserter les divisions sans grec... (*Protestations.*)

Une voix. — Ce ne sont pas les professeurs qui ont exercé cette pression.

M. Lanson. — Voulez-vous me permettre de dire ce que j'ai à dire? Je n'ai pas interrompu M. Fedel.

Je dis qu'il est arrivé que les jeunes gens ou les enfants qui étaient dans ces divisions sans grec ont senti de la part de certains professeurs le peu de cas qu'on faisait d'eux et qu'on le leur a dit... (*Violentes protestations.*) Je dis que c'est arrivé. Je ne dis pas que ce soit général. Je n'ai pas les moyens de savoir si c'est général.

Une voix. — Alors, n'affirmez pas!

M. Lanson. — Je n'ai pas affirmé que c'était général; j'ai dit qu'il y avait des cas, et que dans ces cas la parole de M. Fedel s'est vérifiée, à savoir qu'une méthode ne pouvait pas donner de bons résultats quand elle était appliquée par des gens qui n'y croyaient pas.

M. Fedel. — Dans nos congrès, et non seulement dans nos congrès nationaux, mais aussi dans nos congrès régionaux, il nous vient de tous côtés des plaintes contre des administrateurs qui, dans un but d'économie facile à comprendre, font une guerre acharnée au grec et essayent de le ruiner. (*Applaudissements.*) Je vous prouverai cela quand vous voudrez.

M. Lanson. — Si cela est vrai, ces proviseurs-là ont tort, mais les autres ont tort aussi. Je passe à la suite de la discussion de M. Fedel.

Il m'a reproché d'abord de n'avoir pas fait la conférence qu'il aurait faite lui-même. J'ai fait la conférence que je pouvais faire suivant mes vues, selon les faits que je connais, selon les conséquences que j'ai tirées des faits. J'ai affirmé ce que je croyais vrai. A vous, je le répète, d'examiner. Mais ne me reprochez pas d'être venu dire, non pas ce que vous avez dans votre esprit, mais ce que j'ai dans mon esprit.

Le second point, c'est que M. Fedel m'a donné un caractère que je n'ai pas. Véritablement, à l'entendre, je me demandais si j'étais le Ministre ou le Directeur de l'enseignement secondaire! (*Eh! eh!... Rires.*) D'après ce qu'il a dit on aurait pu croire, véritablement, que c'était une interpellation au Ministre ou au Directeur de l'enseignement! Je ne prendrai dans son discours que ce qui me regarde, moi, ce qui touche les idées dont je suis responsable parce que je les ai exprimées. Le reste ne me regarde pas.

J'ai dit, à propos de l'horaire, que ce remède très simple de donner une heure de plus, qui sera peut-être difficile à obtenir, ne me paraît pas mauvais en lui-même, car il est certain que si nous faisons de la bonne besogne, nous en ferons plus en quatre heures qu'en trois heures. Mais je ne crois pas qu'un enseignement qui est en péril soit sauvé par le seul fait qu'on lui donnera une heure de plus par semaine. J'ai donc dit que je trouvais légitime qu'on demandât une heure de plus par semaine, si on se trouvait à l'étroit dans les horaires tels qu'ils sont établis à présent. M. Fedel a parlé de « confusion voulue », je pense que ces mots ne s'appliquaient pas à ma conférence?....

M. Boudhors. — Pas du tout!

M. Lanson. — J'ai cru comprendre qu'ils s'appliquaient à ce qui a été dit au Sénat?... Les gens qui sont au Sénat sont capables de se défendre quand ils connaîtront ce reproche. Pour ma part, s'il devait être étendu à ma conférence, je ne l'accepterais pas.

L'addition d'une heure ne me paraît pas un remède capable de guérir le mal. Je le crois d'autant moins que, si l'on vous a retranché dans le nouveau programme une heure en première, on vous a donné une heure de plus en troisième, si bien qu'au total, dans les trois dernières années de français, vous gardez le même nombre d'heures. Je sais bien que le nombre de minutes peut avoir diminué, le nombre d'heures restant le même, à cause des changements de classe. Si l'enseignement du français a été diminué, dans les trois dernières années, mettons d'un quart d'heure chaque semaine, par le nouveau plan d'études, est-ce que cela pourra créer autre chose qu'une petite surcharge et un petit malaise ? Est-ce que vous pourrez guérir l'enseignement par la simple addition d'une heure que vous réclamez ? Je ne le crois pas, et ce n'est pas « rabaisser » la question, c'est l'élever que de soutenir qu'il faut aller chercher le mal plus loin, et qu'il faut tenter des remèdes plus complets et plus efficaces.

M. Bernès (Lycée Lakanal). — Je demande la permission de répondre quelques mots aux affirmations que M. Lanson vient de présenter en réponse à M. Fedel.

M. Fedel a dit, en grande partie, ce que je voulais dire. Je ne crois pas qu'il soit inutile d'insister sur le point sur lequel il a insisté lui-même. Je ne parlerai pas de confusions voulues, mais je crois qu'il est très important, puisque l'écho de ces réunions, soit par les journalistes qui s'en occupent, soit par le compte rendu qui en sera publié, est destiné à aller atteindre assez loin, puisque le grand public s'inquiète des questions qu'on discute ici, je crois qu'il n'est pas sans importance d'éviter qu'il se produise dans ce public une confusion.

Le public a appris — on vous l'a dit tout à l'heure — qu'il y a une crise de l'enseignement secondaire du français, que les professeurs de l'enseignement secondaire signalaient cette crise. Je crois qu'il est très important que le public sache que cette crise, que les professeurs de l'enseignement secondaire ont signalée, n'est pas la crise qu'on discute ici.

De crise de méthode, je ne crois pas qu'il y en ait. Des questions de méthode, au sens général du mot, soit, il y en a toujours. Les méthodes sont en évolution continuelle. Il y a toujours une question des méthodes; pour tous les enseignements, il y a à les perfectionner, à les adapter. Et comme l'enseignement du français est le plus jeune de nos enseignements dans les programmes secondaires, comme son histoire ne date guère, en réalité, que d'une trentaine d'années, de la réforme de 1880, puisque c'est à cette date qu'il a pris un rôle central, dominant, dans l'enseignement littéraire, rôle que jouait jusque-là l'enseignement du latin, il n'est pas étonnant que les méthodes de français, ayant une tradition assez courte derrière elles, soient moins complètement fixées que celles de tel ou tel autre enseignement.

Mais je crois pouvoir affirmer qu'il n'y a pas une crise actuelle, récente, aiguë des méthodes de français, qu'il n'y a pas une question posée de transformation de ces méthodes, comme il a pu y en avoir une pour les langues vivantes et les sciences physiques. Je n'en veux pour preuve que les conférences que nous avons entendues.

M. Lanson a exposé, d'une façon très intéressante, l'existence d'une crise très générale, la crise de l'enseignement littéraire : non pas une crise actuelle, mais, d'après les termes mêmes de sa conférence, une crise qui date... il est difficile d'en fixer le début, qui a bien cinquante ans de date ou plus. C'est aussi en remontant, non pas seulement vers 1840, mais vers 1806 et 1808, que M. Rudler a appuyé ses développements sur des faits historiques. Nous savons que cette crise générale existe. M. Lanson en a justement indiqué, quoiqu'il y eût, si c'était le moment, certaines réserves à faire, un certain nombre de causes. Ce n'est pas une crise du français, cela, c'est une crise de l'enseignement littéraire, dont le français se ressent comme toute autre partie de l'enseignement littéraire.

M. Lanson a insisté — avec beaucoup de justesse, à mon avis, — en ce qui concerne l'enseignement du français, sur deux idées qui m'ont paru être les idées dominantes de sa conférence, en dehors de la partie historique : l'importance capitale que doit avoir dans l'enseignement du français l'explication des textes, la nécessité d'éviter les abus, les raffinements excessifs de la critique littéraire.

L'idée de l'importance de l'explication des textes n'est pas une idée d'aujourd'hui. Il y a cinquante ans que Mgr Dupanloup — je n'ai à citer à cette date que ce représentant de l'enseignement libre, — dans son ouvrage *la Haute éducation intellectuelle*, insistait sur la nécessité de développer ce qu'il appelle « des analyses et critiques littéraires ». C'est ce que nous appelons les explications de textes. Il y a trente ans, bientôt, que la réforme de 1880 a fait de l'explication des textes l'exercice central, dominant, de l'enseignement littéraire. Il suffit de relire les instructions qui ont été données alors, celles de 1890, toute la littérature pédagogique de ces trente dernières années, pour voir l'importance capitale qu'on attache depuis trente ans à l'explication des textes.

Il est évident qu'il y a toujours à perfectionner les méthodes, mais ce n'est véritablement pas là une direction nouvelle qu'il y ait à donner à l'enseignement.

Quant aux raffinements excessifs de la critique littéraire, de quand datent-ils? Ils datent de la réforme de 1880. C'est l'œuvre des auteurs de cette réforme: je ne dirai pas de l'Université. C'est sous une pression extérieure à leur volonté — M. Lanson, du reste, si je ne me trompe, l'a indiqué lui-même l'autre jour — que les professeurs ont dû, après 1880, incliner leur enseignement à outrance du côté de la critique et de l'histoire littéraires. Mais une réaction s'est produite depuis longtemps. Il y a bien quinze à vingt ans que les excès de cette critique ont été signalés. Il y a au moins treize ans, (cela date de 1895, 1896, 1897; cela date des instructions qui ont accompagné la publication des nouvelles listes d'auteurs en 1896, puis la réforme de l'enseignement des jeunes filles en 1897), il y a douze ou treize ans qu'ont été condamnés officiellement les excès, les abus de la critique littéraire raffinée et de l'histoire littéraire trop érudite.

Si quelque chose subsiste encore, si trop subsiste encore — je suis tout à fait d'accord sur ce point avec M. Lanson — de ces tendances dans un certain nombre de classes, c'est encore en dehors de l'enseignement secondaire qu'il en faut demander la cause. Il faut demander aux Facultés pourquoi elles s'obstinent à imposer par leurs sujets de baccalauréat des méthodes que l'opinion et l'expérience ont condamnées depuis quinze ans! (*Vifs applaudissements.*)

De même notre collègue, M. Rudler, dans son intéressante conférence...

M. le Président. — Voulez-vous me permettre? Nous avons demandé...

M. Bernès. — Je n'y fais qu'une allusion, Monsieur le Président, je n'entre pas dans la discussion. Je veux simplement encore donner cette indication que l'idée dominante qui a été développée dans la seconde conférence, à savoir la nécessité d'appuyer sur des faits, sur une étude de faits, tout devoir de français, que cette idée se trouvait déjà, il y a trente ou quarante ans, dans les instructions officielles, dans la littérature pédagogique. Par conséquent il peut s'agir, sur tous ces points, d'accentuer une direction, il peut s'agir de perfectionner des procédés de détail; mais il ne s'agit en aucune façon de changer l'orientation de l'enseignement, et de lui assigner une nouvelle méthode.

L'essentiel, la direction générale de la méthode qu'a indiquée M. Rudler — je ne parle pas du détail de ses développements, j'aurais un certain nombre d'objections à faire sur ce détail, — l'essentiel de ces indications m'a paru et a paru à un certain nombre de ceux avec qui j'ai causé en sortant d'ici être encore, mon Dieu, ce que nous essayons tous de faire, ce que nous avons vu essayer de faire à nos maîtres avant nous.

J'en conclus qu'il n'y a pas de crise des méthodes et que ce serait répandre une idée fausse que de faire croire que la crise actuelle est une crise des méthodes. Je tiens à affirmer que la crise est ailleurs. C'est une crise de l'enseignement littéraire. C'est, ajoutée à la crise ancienne dont j'ai parlé en commençant, la crise récente des études littéraires, qui date de 1902, et dont les effets se font sentir avant tout dans l'enseignement du français, chose toute naturelle, puisque c'est au français qu'aboutit tout l'enseignement littéraire, puisque c'est en particulier à la classe de français qu'on mesure la maturité d'esprit, la faculté de réflexion et d'expression des élèves.

M. Fedel rappelait tout à l'heure le petit nombre d'heures dont on dispose dans les études de français. M. Lanson faisait remarquer que peut-être la perte en heures n'était pas considérable.

Peut-être aussi faut-il songer que cet enseignement du français, qui reste seul, avec l'enseignement du latin, à représenter l'enseignement littéraire pour les trois quarts de nos élèves classiques, qui reste tout à fait seul pour ceux de la section D, que cet enseignement du français est le centre, en somme, d'un enseignement littéraire qui a été réduit de 3 heures en sixième, de 3 heures en cinquième, sur 13; de 4 heures en quatrième, sur 12, pour ceux qui ne font pas de grec; de 3 heures en troisième, sur 12, pour ceux qui ne font pas de grec; de 5 heures en seconde, sur 12 ; de 6 heures en première, sur 12, pour ceux qui ne font pas de grec ! (*Applaudissements.*)

C'est donc du tiers ou de la moitié de son nombre d'heures d'avant 1902 qu'est réduit aujourd'hui, pour le plus grand nombre des élèves, l'enseignement littéraire, et c'est dans les exercices de français que se sont en particulier traduites, manifestées, les conséquences intellectuelles de cette réduction. Je crois que nous avons parfaitement le droit de dire ce qu'ont dit en 1902 nos collègues des langues vivantes, qui, actuellement, jouissent partout d'un nombre d'heures qui dépasse celui accordé au français. . . (*Applaudissements.*)

Ils ont dit alors : donnez-nous du temps ; si vous ne nous donnez pas du temps, quelques méthodes excellentes que vous nous indiquiez, nous ne nous chargeons pas de réussir ! Eh bien, aujourd'hui, je ne crois pas que vous nous apportiez des méthodes nouvelles. Je crois que nous pouvons en commun travailler à perfectionner des méthodes déjà connues, et qui, en leur fond, nous sont communes.

Mais si on ne nous donne pas de temps — et c'est vraiment une demande fort modeste que la nôtre : une heure de français, c'est un pis-aller, — nous ne nous chargeons pas d'obtenir les résultats qu'on obtenait avant 1902 ! (*Applaudissements.*)

M. Rudler. — Je demande la parole, parce que j'ai été mis en cause par M. Bernès, et que je ne suis pas d'accord avec lui sur le sens qu'il a donné à mes paroles.

M. le Président. — La parole est à M. Rudler.

M. Rudler. — Je ne crois pas que la crise du français soit ouverte depuis cinquante ou soixante ans. Je suis d'accord avec M. Bernès sur la date à laquelle le type de composition actuel a été fondé : c'est bien en 1807 ou 1808. J'ai dit que ce type de composition avait été très longtemps en harmonie avec l'état général des connaissances et des méthodes. A mon avis, la crise s'est produite du jour où l'état des connaissances, des méthodes et de l'esprit public ayant profondément changé, nous sommes demeurés enfermés dans un type de composition qui a nécessairement vieilli; et cette crise s'est aggravée à mesure que le désaccord de nos disciplines et de la science ou de la vie grandissait. Il s'en faut donc qu'elle remonte jusqu'à 1808, ou même jusqu'à 1840; elle date de ces dernières années.

Sur le second point, je serai d'accord avec M. Bernès (et j'en serai ravi) dans la mesure où il voudra instituer une discipline tout à fait substantielle et créatrice, non de forme, mais de pensée; non de vraisemblance, mais de vérité; non d'abstractions, mais de faits; non d'esthétique, mais de science. Assurément, je ne me flatte pas d'apporter une méthode *nouvelle;* mais tous tant que nous sommes, nous reflétons des tendances diverses, qui sous leurs formes extrêmes sont contradictoires les unes aux autres, mais qui dans la pratique se mêlent de mille manières. Il s'agit d'y porter la lumière, la logique, de les définir avec précision et d'éliminer celles qui seraient reconnues mauvaises.

M. le Président. — La parole est à M. Bourgin. Qu'il soit d'ailleurs bien entendu que le fait qui vient de se produire ne se reproduira pas. C'est la conférence de M. Lanson que nous discutons actuellement.

M. Bourgin (Lycée Voltaire). — Je voulais faire remarquer que le point de départ de la discussion disparaît à nos yeux et que, dans quelque temps, nous ne saurons plus de quoi nous parlons. M. Fedel a parlé de confusion; M. Bernés a déclaré que sur la position même de la question il n'était d'accord ni avec M. Lanson, ni avec M. Fedel.

M. Bernés. — Non, non!

M. Bourgin. — J'ai cru comprendre qu'il n'était exactement d'accord ni avec M. Fedel, ni avec M. Lanson. Nous parlons de méthodes, de crise de méthodes, et nous ne savons pas nous-mêmes appliquer à la discussion une bonne méthode, faute d'avoir éclairci d'abord les termes mêmes : crise de l'enseignement du français. Sur la réalité même de la crise, on n'a apporté ici que des opinions. Y a-t-il des faits objectifs, indiscutables, qui permettent de parler d'une crise de l'enseignement du français? Pour moi, depuis que je l'enseigne, je n'ai pas constaté que le français ait décliné. Dans les limites de mon expérience, j'observe que les bons élèves travaillent d'une façon intéressante et donnent des résultats souvent brillants, et les mauvais élèves font à peu près les mêmes fautes, que notre enseignement doit corriger. Il nous manque donc un point de départ précis, une base solide à l'origine de cette discussion. Quant à moi, je pourrais contester presque toutes les affirmations de ceux de mes collègues qui ont répondu à M. Lanson. En particulier, je trouve que le temps dont nous disposons suffit pour l'enseignement du français (*Murmures*), et les trois heures que j'ai à employer me paraissent, peut-être me trompé-je, infiniment plus pleines que les quatre heures où, quelquefois, dans le passé, on dormait bien un peu. (*Protestations.*) J'étais élève et je m'en apercevais fort bien. Je crois aussi que les dix heures et demie d'étude que M. Fedel a cru pouvoir assigner au travail conjoint du français et du latin sont une somme d'heures très respectable pour des enfants de 15 et 16 ans. Enfin, si nous parlons de l'horaire, de la durée de l'enseignement du français dans nos classes, je trouve que, vraiment, — j'ose à peine le dire, — ce n'est pas d'une bonne méthode que de déclarer que nous n'avons pas assez de trois heures, que nous voulons davantage, sans indiquer à qui nous prendrons cette heure nouvelle. Si l'on n'indique pas nettement que ce sera aux langues vivantes, aux sciences ou au latin, j'estime que toute réclamation est vaine et manque de sérieux.

M. Gaston Rabaud (Lycée Charlemagne). — Je crois, comme M. Bourgin, qu'il n'y a pas de crise de l'enseignement du français. Le mot « crise » est à la mode. Est-il justifié quand il est appliqué à l'enseignement du français? Le mot crise signifie « état grave ». Quelle gravité voyez-vous aujourd'hui dans l'état de cet enseignement? Jetons un coup d'œil sur ce qu'il était dans les premiers temps de l'Université. L'ordonnance du 10 décembre 1802 prescrivait que l'enseignement fût fondé essentiellement sur le latin et les mathématiques. On ne faisait des devoirs français qu'en rhétorique. Et quels sujets choisissait-on? J'ai retrouvé à Charlemagne les cahiers de Burnouf et de Laya. J'ai vu qu'en novembre 1808 on imposait aux élèves un discours de David mourant à son fils Salomon! Et quoique mourant, David développait ses idées en cinq paragraphes; après quoi seulement, il consentait à mourir. C'est le type des sujets préférés à cette époque. On donnait aussi quelques sujets de morale; par exemple: Les inconvénients de la mollesse et de la volupté. On peut penser qu'il était pratique d'indiquer un tel sujet à de grands élèves.

Mais quand j'ai ouvert le cahier de corrigés, j'ai vu qu'il s'agissait, non pas du développement d'une idée morale, mais uniquement d'une diatribe contre Paris — pas la moderne Babylone, non : le ravisseur d'Hélène — et les mœurs efféminées des Phrygiens!

Une voix. — Passons au Déluge!

M. Rabaud. — Pardon, je suis dans la question.

Une voix. — Nous sommes en 1909!

M. Rabaud. — Je vous en prie, vous parlerez tout-à-l'heure; c'est maintenant mon tour. J'irai d'autant plus vite que vous m'interromprez moins.

Le vénérable cahier de textes de 1809 contient aussi une matière de vers sur la Justice. Je me suis dit : voilà des professeurs très modernes pour leur époque, et un sujet bien hardi sous le premier Empire. Mais consultons le corrigé : il s'agissait simplement d'une plate et banale invocation à la Sagesse, qui est l'appui le plus puissant des trônes!

Je n'insiste pas, pour ménager l'impatience de ces Messieurs; cependant je vous signalerai encore, vers la fin de 1809, un sujet sur Judas Macchabée exhortant les Juifs à reconstruire le temple. On avait commencé l'année en proposant aux élèves de s'incarner dans un mourant, et on la terminait en les invitant à se mettre dans la peau d'un Macchabée! (*Rires.*)

Sous la Restauration, l'enseignement du français n'avait pas plus de place. Le statut de 1821 prescrivait d'enseigner la philosophie en latin. Cet usage ne fut aboli que vers 1830 Il y eut alors un mouvement d'opinion en faveur du français; un arrêté du 11 septembre 1830 décida que le prix d'honneur de philosophie serait attribué à la dissertation française et non à la dissertation latine, et que les examens de philosophie au baccalauréat seraient faits en français. Mais l'enseignement du français était manifestement insuffisant, car, en 1837, Victor Cousin, revenant d'un voyage en Allemagne... (*Murmures.*) Messieurs, je n'ai interrompu aucun de vous; je vous prie de me rendre la pareille. Je dirai tout ce que j'ai à dire.

En 1837, Victor Cousin, revenant d'un voyage en Allemagne,

déclarait qu'il serait absolument nécessaire d'instituer dans les classes deux cours spéciaux de langue et de littérature françaises. Mais ce plan ne fut pas appliqué, et il faut arriver jusqu'en 1854... vous voyez que je fais de grands pas pour vous être agréable... à l'ordonnance de Fortoul, pour trouver cette innovation : l'explication des auteurs français. Mais il ne lui accordait pas grande place; il comptait les minutes. Il en donnait dix seulement à l'enseignement du français! Il est vrai qu'il permettait de donner en seconde, en troisième, des sujets de composition française, des narrations, des récits, des lettres, des discours, et que, pour la correction de ces devoirs, on avait quarante-cinq minutes.

Voilà des progrès pour l'enseignement du français, en théorie. Mais ces progrès n'étaient guère réalisés. J'ai eu la curiosité de voir ce qu'ils devenaient dans la pratique, et j'ai pris au hasard un cahier de textes de l'année 1858-1859. Je n'ai pas trouvé un seul sujet de français. Donc on n'en traitait pas ou on n'en traitait guère dans les classes. Quant au Concours général, le discours français n'y tenait rang, depuis 1831, qu'après le discours latin. Il n'y a eu d'interversion qu'en 1881. A partir de cette date seulement, est établie une épreuve de narration française pour la seconde, en ce même concours. La réforme de 1872, œuvre de Jules Simon, a fait la part plus grande au français. Vous connaissez ces dispositions aussi bien que moi, et puisque vous me reprochez d'aller lentement je ne vous infligerai pas le supplice de vous les rappeler. Je vous renvoie au livre de Jules Simon sur la *Réforme de l'Enseignement secondaire*, et à la circulaire de M. Mourier, 5 avril 1875. Passons aux réformes de Jules Ferry en 1880 : non seulement on maintient au français sa place, mais encore on la fait plus grande. On permet les compositions françaises, comme l'avait fait Jules Simon, depuis la huitième jusqu'à la rhétorique. En 1885, on admet l'étude d'auteurs français du XIXe siècle, mais en recommandant la prudence.

En 1890, nouveau progrès: les recommandations de prudence disparaissent; on fait une plus large mesure aux auteurs du XVIIIe et du XIXe siècle.

L'histoire littéraire, entrée officiellement dans les programmes et dans la pratique de l'enseignement depuis quelques années, est recommandée comme un exercice excellent, s'il est bien entendu.

Enfin, la réforme de 1902 n'a pas donné d'atteinte, quoi qu'on en ait dit, à l'enseignement du français; les heures dont nous disposons suffisent parfaitement pour assurer ce service.

Donc, au point de vue de l'importance accordée au français, il n'y a pas de crise actuellement, puisque jamais on n'a fait plus de français qu'aujourd'hui.

Certains prétendent même qu'on en fait trop! (*Murmures.*) Donc, si crise il y a, c'est une crise de croissance. (*Nouveaux murmures.*)

Certains professeurs déplorent chez leurs élèves une maladie de l'attention. Ceux qui murmurent en seraient-ils frappés? C'est peut-être encore un effet des réformes de 1902!

Y a-t-il crise au point de vue de la qualité des exercices? Je ne crois pas que les élèves aujourd'hui soient plus faibles que ceux d'autrefois; nous sommes tous enclins en vieillissant à juger que le temps de notre jeunesse était plus brillant que le temps actuel, mais il faut nous garder d'être pessimistes. Certains voient les choses sous un jour tout à fait défavorable; cela n'est pas équitable; il faut rendre justice à nos contemporains; comparez, comme nous avons pu le faire, les compositions anciennes et les récentes, et vous verrez que les petits élèves d'à présent valent bien ceux d'autrefois.

La section B qu'on incrimine peut avoir de mauvais élèves, assurément, mais elle en a aussi de très bons. Actuellement, j'ai réuni les sections A et B, et c'est un élève de B qui a été premier trois fois de suite.

Par conséquent, il n'y a pas lieu à découragement.

Depuis la division en cycles, depuis cette réforme de 1902, contre laquelle s'élèvent certains d'entre vous, les classes sont beaucoup plus homogènes, et si les choses se passent comme elles doivent se passer, c'est-à-dire si les examens de passage sont bien appliqués, il n'y a que très peu de mauvais élèves, il y a même des classes où il n'y en a pas du tout. (*Protestations.*)

Inutile de protester contre ces faits, parce que cela ne leur fait rien.

M. Lanson nous rappelait que, sous l'ancien régime, il y avait des classes de cent élèves et que le professeur ne s'occupait que des cinq ou six premiers. C'était bien fâcheux. Aujourd'hui, dans nos classes beaucoup moins peuplées, on peut s'occuper de tous, et les études ne sont pas moins fortes.

D'autre part, répondant à ce qu'a dit M. Lanson de la culture de la bourgeoisie, je ne suis pas bien sûr que, de nos jours, elle soit inférieure à ce qu'elle était autrefois.

Il nous a parlé des médecins, des avocats d'autrefois, plus cultivés que nos contemporains. Recherchons quel était le langage de ces lettrés. M. Rousse, de l'Académie française, écrivait — écoutez avec déférence la parole de cet académicien (*Rires*) — :

Ainsi, à chaque effort de cet esprit en travail, on sent fermenter le levain séculaire qui, après avoir couvé sous les ruines des châteaux et des donjons démantelés par la monarchie, soulève, avec la poussière vengeresse de la féodalité vaincue, les germes rajeunis de la liberté populaire. (*Étude sur Mirabeau*, p. 74.)

Ne tirons pas d'un exemple une conclusion trop générale. Il me semble pourtant que le goût de la bourgeoisie a gagné en simplicité et en naturel.

....

M. Lanson nous a cité comme preuve de l'inculture de la société d'aujourd'hui la rareté des représentations classiques : 137 en 1904 contre 249 en 1840.

Eh bien, franchement, je ne crois pas que ce soit très probant, car qui est-ce qui fréquente le Théâtre-Français? C'est en somme une minorité de Parisiens. Que pouvez-vous conclure de là pour le goût public, sans tenir compte de la province?

D'ailleurs, je pourrais retourner l'argument contre vous, car en province, actuellement, les tournées de troupes jouant le théâtre classique sont beaucoup plus nombreuses qu'autrefois et ces représentations sont très courues.

Soit à Paris, soit en province, on écoute un beaucoup plus grand nombre d'œuvres modernes; mais sont-elles inférieures en qualités littéraires? Ceux qui vont les écouter font-ils preuve par là de moins de goût? Je ne le crois pas, car les productions de l'art dramatique sont, de nos jours, particulièrement brillantes.

D'autre part, la lecture des journaux à laquelle, dites-vous, se bornent beaucoup de personnes aujourd'hui, atteste-t-elle qu'on est moins difficile sur la qualité du style? On se plaint que les journalistes d'aujourd'hui écrivent mal. Je ne sais pas s'il y a des journalistes dans la salle, je ne veux pas les flatter, mais je dis, parce que c'est mon opinion, que jamais il n'y eût plus d'hommes de talent dans le Journalisme qu'aujourd'hui.

M. Lanson estime que pour la masse des élèves, qui ne veulent pas devenir des critiques littéraires, il suffit de les dresser à bien écrire un rapport, et il a dit cela d'un ton un peu dédaigneux.

M. Lanson. — Non! Non! Pas du tout.

M. Rabaud. — Eh bien alors, nous sommes d'accord; j'allais précisément faire une chicane là-dessus, parce que je ne trouve pas si méprisable de savoir bien faire un rapport.

M. Lanson. — C'est ce que j'ai dit; si mon accent m'a trahi, je le regrette, et je prie M. Rabaud de ne pas s'y tromper.

M. Rabaud. — Je pourrai donc abréger. Je tiens simplement à noter que le rapport n'est pas un genre méprisable, puisque M. Ravaisson a été mis en grande réputation par un rapport sur la philosophie au XIXe siècle; que M. Gréard s'est acquis un renom d'éducateur par des rapports, et qu'au nombre des titres académiques de M. de Freycinet ont été mentionnés ses rapports. Dernièrement encore, M. Catulle Mendès n'a pas dédaigné de faire un rapport sur l'état des lettres françaises en 1900.

Donc, en examinant soit la qualité des exercices français dans les classes, soit l'importance attribuée à cet enseignement par l'Administration, je ne trouve pas qu'il y ait de crise; seulement, je serai peut-être d'accord — une fois n'est pas coutume — avec quelques-uns d'entre vous pour reconnaître qu'on n'a pas fait au français toute la place qu'il pourrait avoir, je ne dis pas en lui donnant un plus grand nombre d'heures, mais en tirant de l'étude des auteurs français ce qu'elle contient de puissance éducatrice. C'est une question non pas d'horaire, mais de méthode, comme l'a établi M. Lanson.

M. Bompard, dans un discours au Concours général en 1900, a parlé excellemment de la valeur éducatrice des lettres françaises. Beaucoup de professeurs ne sont pas assez pénétrés de cette vérité et ne font pas rendre à cet enseignement du français tous les fruits qu'il pourrait produire.

Ce qui importe, ce n'est pas d'ajouter une quatrième heure aux trois heures dont nous disposons, et qui, si elles sont bien remplies, suffisent; c'est d'appliquer, avec liberté sans doute, mais avec sûreté et avec persévérance, une bonne méthode à l'étude des auteurs français et à la direction de tous les exercices français.

M. Desternes (Lycée Charlemagne). — Je voulais simplement proposer de séparer les questions, d'en finir avec la question de temps, et d'aborder ensuite la question de méthode.

J'estime que la question de temps est capitale. Dans la section D surtout, qui compte 52 p. 100 de la population scolaire, les trois heures de français sur vingt-sept heures de classe, réduites à deux heures et demie par les interclasses, sont insuffisantes. Je demande à M. Lanson si, avec les méthodes les meilleures, il estime qu'avec deux heures et demie de classe effective, il peut arriver à de très bons résultats; d'autant plus que, d'après M. Lanson lui-même, notre clientèle serait moins apte, plus grossière qu'autrefois. Est-ce que dans de telles conditions la question de temps n'est pas capitale si l'on veut donner de l'efficacité à l'enseignement?

Lorsque nous aurons résolu la question de temps, nous aborderons la question de méthode; mais ne chevauchons pas les deux questions à la fois.

M. Boudhors. — Je n'ai que peu de chose à dire. Je voudrais dire — et cela appuie un peu les observations déjà faites — que pour moi aussi la question de temps est extrêmement importante.

Je voudrais simplement apporter quelques petits faits d'expérience; je ne parlerai pas de la façon dont je fais ma classe, mais de ce que j'y ai vu; je ne remonterai que jusqu'à 1902.

Depuis 1902, année de la réforme, j'ai été toujours chargé de la section A simultanément avec la section B, c'est-à-dire des élèves de latin-grec et de latin-langues.

C'est à partir de 1906, il y a deux ans, que j'ai vu arriver dans ma classe des élèves qui avaient commencé leurs études littéraires sous le nouveau régime; c'est-à-dire que j'ai vu arriver chez moi, en 1906, les élèves qui, en 1902, au moment de l'application de la réforme, entraient en 6ᵉ. Il me paraît que, pouvant comparer tous les ans, pendant six ans, les élèves qui, dès le début de leurs études, et pendant toute la durée de ces études, ont fait à la fois du latin, du grec et du français, avec un peu de langues vivantes, — et des élèves qui, dès le commencement de leurs études, initiés à la nouvelle méthode des langues vivantes (méthode et enseignement que je ne veux pas du tout critiquer), ont choisi, à partir de la 4e, les langues vivantes, — j'ai pu aboutir à des impressions, que je n'ai pas cherchées. Car je crois qu'avant tout, comme on le disait tout à l'heure, il faut compter ici mutuellement, quand nous discutons, sur notre sincérité, sur notre désintéressement; sinon il n'y a pas de discussion possible.

Je considère donc que j'ai en face de moi des adversaires qui sont sincères, et je suis convaincu qu'ils ne doutent pas de ma sincérité. Bien entendu, chacun a ses préjugés; je ne dis pas que je ne sois pas encore sous l'influence de l'ancien système que j'ai appliqué pendant longtemps; mais je ne veux pas imaginer qu'on doute du désintéressement avec lequel nous cherchons à tirer le meilleur parti de la nouvelle réforme. Si je n'y crois pas, ce n'est qu'après expérience que je dirai que je n'y crois pas, ce n'est pas de parti pris; et quand on m'annoncera une réforme nouvelle, ce n'est pas parce que, pour des raisons sérieuses, je n'y croirai pas que je la ferai échouer en ce qui me concerne; quelle étrange ambition ce serait, ou quelle plus étrange parodie d'héroïsme.

Donc, c'est avec une intention impartiale que je juge les choses.

Eh bien! j'ai constaté, d'une part, que chez les élèves qui, faisant trois heures de français depuis la 4e, avaient en même temps à faire quatre ou cinq heures de langues vivantes, il y avait un léger fléchissement de la correction française, peut-être gênée, peut-être envahie par quelque influence du vocabulaire étranger, mais surtout, et c'est cela qui m'a frappé, c'est là-dessus que j'attire l'attention, et c'est pour cela que véritablement le temps est nécessaire, mais surtout j'ai constaté une tendance, de plus en plus marquée depuis deux ans (depuis que je reçois des élèves qui n'ont connu qu'une méthode), à des impropriétés de langage, et, plus encore, au développement désordonné; c'est souvent un flux de mots et de phrases qui débordent, qui inondent, qui submergent absolument les idées; je vois des enfants pour qui les *mots* sont la joie, pour ainsi dire, du cerveau, et qui ont pour but de mettre le plus de mots possible dans une phrase, et le plus de phrases possible dans une copie, mais non pas de mettre dans ces mots ou dans ces phrases des idées, des idées qui se tiennent.

A quoi faut-il attribuer cela? Y a-t-il là l'effet d'une sorte de conflit entre une méthode qui, tout naturellement, très légitimement, demande aux enfants d'apprendre des mots, puisqu'il s'agit de «causer» en anglais ou en allemand, d'enrichir leur vocabulaire, de parler, même quand ils ne savent pas trop quoi dire, de parler par à peu près quand ils ne peuvent pas parler juste, — et notre méthode à nous, notre vieille méthode, vieille peut-être parce qu'elle a su faire ses preuves, notre méthode qui consiste, au contraire, à conseiller de parler juste, de ne dire que ce qu'on pense et de le dire comme on le pense, mais de penser précisément?

Je soumets cette observation à M. Lanson.

J'ai oublié de vous dire que je n'ai pas eu le plaisir d'entendre la conférence de M. Lanson, je le regrette infiniment; mais, à un certain point de vue, j'y trouve un avantage: c'est que je ne risque pas d'accrocher ma discussion à tel passage, à tel épisode, de sa conférence; j'ai pris la thèse telle que je l'ai vue résumée, et il m'a paru que cette cause qu'il n'a pas indiquée, je crois, cette cohabitation des langues vivantes et du français, — et je ne veux pas de malentendu, je ne critique ni l'enseignement des langues vivantes, ni la méthode directe — il m'a semblé que cette cohabitation des langues vivantes et du français faisait une surcharge d'enseignements qui n'existait pas autrefois et, d'autre part, pouvait repousser un peu, faire fléchir, ébranler les assises de l'enseignement du français.

Par conséquent, nous sommes obligés, il me semble, quels que soient les progrès qu'ait faits l'enseignement du français depuis longtemps, de constater depuis cinq ans un élément nouveau.

Il en résulte qu'il est nécessaire d'insister davantage aujourd'hui, plus qu'autrefois, sur certaines qualités de précision, de sobriété et de justesse dans la pensée; autrefois, on reprochait peut-être aux élèves d'avoir trop de difficulté à développer; je suis en quelque sorte tenté de trouver qu'aujourd'hui ils développent avec une fécondité moins solide que tumultueuse.

Alors, c'est plus de temps qu'il nous faut; et d'autant plus que s'ajoute une autre difficulté: je crois que nous avons besoin aujourd'hui — et je n'entre pas dans la recherche des causes profondes — de plus d'insistance renouvelée pour remédier à ce que j'appellerai brièvement « une maladie de l'attention ».

Je ne sais pas si cette observation m'est personnelle, mais il me semble que, pour une raison ou pour une autre, depuis quelques années (ce n'est pas une vieille faiblesse que je m'imagine rajeunir), les élèves sont moins attentifs; je n'incrimine absolument pas leur bonne volonté ou leurs capacités, mais je constate le fait. Eh bien! la culture de cette attention est plus nécessaire aujourd'hui, alors que, d'un côté, le français n'a plus sa part justement proportionnelle, soit à celle des langues vivantes, soit à celle des sciences, et que, d'autre part, la pénétration, la continuité, la lucidité même de l'attention paraissent faiblir. Il me semble que c'est bien là une question essentielle, primordiale que de nous donner plus de temps, car pour faire ce que nous avons à faire, corriger et expliquer des devoirs français, renseigner tous et chacun sur les résultats acquis et les progrès désirables, pour montrer tout ce qu'il y a de force éducatrice morale, et j'ajouterai très volontiers, civique dans les auteurs français, il faut beaucoup de temps. Si, en résumé, il est plus nécessaire que jamais d'habituer l'esprit de l'enfant à ne pas vagabonder, à se fixer sur le texte, à suivre prudemment et profondément l'enchaînement des idées sous l'ordre des mots, nous avons besoin de plus de temps qu'autrefois. Et ces raisons, que je propose, ne sont pas des raisons de toute époque; elles sont, je crois, nouvelles; elles datent, je ne dis pas du jour où une réforme est venue s'établir dans l'enseignement secondaire, mais, enfin, de cinq ou six ans. (*Rires.*)

J'ai terminé en ce qui concerne les causes de la crise; si je continuais, je toucherais à la question des remèdes que M. Lanson indiquait, en particulier à l'explication des textes.

Pour donner, autant que possible, un bon exemple de méthode, je m'arrête à la première question, et, ayant indiqué deux causes qui me paraissent probables et dignes d'étude, je m'en tiens là.

M. Lanson. — Je vais répondre à la fois à MM. Bernès et Bourgin, Raband, Desternes et Boudhors. Je les ai écoutés avec attention; si j'oublie dans ma réponse quelque chose qui à leurs yeux soit important, je les prierai, quand j'aurai fini, de me le rappeler. Je vais faire effort pour laisser de côté, puisque c'est votre désir, ce qui, dans certains des développements qui ont été donnés, regarde les méthodes.

Je ne puis, à MM. Bernès, Boudhors et Desternes, répondre qu'une chose : je ne crois pas, et quand je dis « je ne crois pas », cela représente pour moi toute une collection d'observations, je ne crois pas que le mal puisse être guéri par le don d'une heure de plus au français. Vous le croyez, c'est votre affaire. Faites votre demande à qui de droit ; ce n'est pas à moi qu'il faut la faire. Je ne puis rien pour vous donner une heure de plus. Je ne peux que vous dire...

M. Boudhors. — Nous ne vous demandons pas de nous donner quelque chose ; nous confrontons simplement des opinions et des observations.

M. Lanson. — Je ne puis dire qu'une chose : vous ne m'avez pas convaincu.

Je vous répondrai ce que j'ai dit d'abord à M. Fedel : si nous faisons de bonne besogne en deux heures et demie, nous en ferons plus, évidemment, en trois heures et demie ; mais la question, c'est, d'abord, de faire de la bonne besogne, et je crois — je n'entrerai pas dans les développements — que le mal qui existe dans l'enseignement du français vient précisément de ce que les méthodes employées dans beaucoup d'endroits ne sont pas celles qui donneraient le meilleur rendement.

Ensuite, sur cette question de l'horaire mon opinion est tout à fait conforme à celle de M. Bourgin ; il ne nous suffit pas de dire : Donnez-nous une heure de plus. Il faut indiquer aux dépens de quel enseignement vous voulez cette heure. Car, vous ne voulez pas, sans doute, que cette heure s'ajoute aux heures actuelles de classe sans qu'on retranche rien à personne. On ne peut imposer une nouvelle charge aux élèves.

Il y a une chose qui m'inquiète beaucoup dans ce qu'a dit M. Bernès. Il a senti, avec sa finesse d'esprit — ce n'est pas par manière de compliment que je dis cela, — il a senti qu'il y avait quelque chose de paradoxal à prétendre que tout irait bien quand on aurait quatre heures en Première, au lieu de trois. Il a dit : « C'est un commencement ! » C'est là une parole qui est grave. Cela veut dire que, dans l'esprit de M. Bernês, tout au moins, et j'ai le droit d'ajouter dans l'esprit d'un certain nombre de ceux qui sont ici, qui ont paru applaudir les déclarations de M. Bernès...

Plusieurs voix. — Parfaitement!

M. Lanson, — Bien! Dans leur esprit, une heure est un commencement. Quand ils auront une heure, ils demanderont une autre heure. Aux dépens de qui ou de quoi? Et ainsi, ce n'est plus seulement le français qui veut se donner un peu d'air. C'est réellement, par cette manœuvre, toute la réforme de 1902 qu'on met en cause et sur laquelle on veut revenir. (*Approbations et protestations.*)

Eh bien! M. Fedel a insinué que j'avais pour la réforme de 1902 un amour de père; ce n'est pas par un amour de père que je défends une réforme dans laquelle je n'ai aucune part de paternité à revendiquer. Je ne le dis pas pour décliner une responsabilité, mais je le dis parce qu'en effet ce sont d'autres que moi qui ont tout l'honneur de cette réforme. Ce n'est pas moi qui l'ai faite; dès que je l'ai connue, j'y ai applaudi. Voilà ma vraie responsabilité, voilà ma seule responsabilité. J'ai défendu la réforme parce que je la croyais bonne; je l'ai défendue, comprenant en quoi elle consistait, et me rendant compte que les études littéraires proprement dites se trouveraient jusqu'à un certain point resserrées, et jusqu'à un certain point diminuées dans le temps qu'on leur donnerait, par conséquent dans leur prépondérance.

J'ai applaudi à la réforme, tout « littéraire » que je suis, car je ne suis pas autre chose — je ne m'en excuse ni ne m'en vante — j'y ai applaudi parce que, pour des raisons générales, dans lesquelles vous me dispenserez d'entrer, il me semblait qu'au total elle était bonne, qu'au total elle réalisait une meilleure adaptation de l'Université aux besoins de la société actuelle et aux besoins, en particulier, de la clientèle qui nous vient. Par conséquent, sur cette question d'horaire, quand j'entends M. Bernès me dire : « C'est un commencement », je change d'avis et de langage. Quand vous disiez : « Je demande une heure pour le français », sans rien dire de plus, je vous disais, ou à peu près : « Je souhaite qu'on vous la donne ». Maintenant que j'ai entendu ce mot de « commencement » et que j'ai compris quel est votre véritable but, je souhaite qu'on ne vous la donne pas, et j'ajoute même que, pour ma modeste part, je ferai tout ce que je pourrai pour qu'on ne vous la donne pas. (*Applaudissements. Cri : C'est net, çà !*)

M. Bernès dit... mais dois-je arriver maintenant à cela ? Ou considérez-vous que c'est dans la discussion des méthodes qu'il faut en parler ? M. Bernès dit : « Si l'enseignement du français ne rend pas tout ce qu'il doit, les sujets de baccalauréat des Facultés en sont souvent la cause. »

M. Desternes. — Voulez-vous me permettre une observation ? Vous parlez comme littérateur. Je ne peux pas parler comme scientifique, mais j'ai entendu tous les professeurs de sciences, dans les conseils d'enseignement et dans les conseils de classe, réclamer en faveur du français, en tant que professeurs de sciences. Ils se plaignent de l'imprécision et de l'incorrection du langage, écrit ou parlé.

Plusieurs voix. — Parfaitement !

M. Lanson. — Je m'en plains aussi, Monsieur Desternes !

M. Desternes. — Je dis que dans la section D — j'en reviens toujours à cette section, car dans les autres, où il y a, pour appuyer l'enseignement du français, le latin et le grec, c'est tout autre chose — dans la section D, où la part du français est si réduite, le français ne peut compter que sur lui-même : c'est le splendide isolement ! Aussi bien, ce sont les professeurs de sciences qui réclament. Pour ma part, je me considère comme un auxiliaire des sciences. Et c'est dans l'intérêt de la culture scientifique que je réclame plus de temps pour l'enseignement du français. (*Applaudissements.*)

M. Lanson — Je crois, Messieurs, que si nous avons le souci, dans cette discussion, d'arriver à un peu de clarté et à des conclusions nettes — et je crois que c'est notre désir à tous : nous ne sommes pas ici uniquement pour choquer nos convictions et nos préjugés respectifs — je crois qu'il faut faire une distinction entre la section D, dont vient de parler M. Desternes, et les sections munies du latin et du grec. Il est évident que le français, dans la section D, représente, par la distribution même des études dans le programme, sinon toute la culture littéraire, car je ne voudrais pas exclure l'histoire et même la géographie de la culture littéraire, du moins la plus grande partie de la culture littéraire.

M. Desternes. — J'apporte des faits : les professeurs d'histoire et de géographie, ainsi que les professeurs de sciences, ont été unanimes à demander l'extension de l'enseignement du français. Ils se plaignent également; par conséquent, ce n'est pas le seul point de vue littéraire qu'il faut envisager, mais l'intérêt général des humanités scientifiques.

M. Lanson. — Je fais rentrer dans l'enseignement littéraire l'histoire et la géographie; et, quoi que vous en disiez, dans une large mesure que justifie la manière dont un bon nombre de vos collègues des langues vivantes les enseignent, j'y fais entrer aussi les langues vivantes. (*Approbations et protestations.*)

Cette étude contribue à la culture intellectuelle des esprits; même dans l'application des méthodes nouvelles, même dès les commencements de l'emploi de la méthode directe, même aux petits élèves de sixième (*Applaudissements*), l'enseignement de l'anglais et de l'allemand, donné par un bon maître comme il y en a tant aujourd'hui, a une valeur éducative pour l'esprit. Cela, je l'affirme, parce j'ai vu les résultats.

M. Boudhors. — Soit; mais elle ne sert pas le français.

M. Lanson. — Maintenant je dirai à M. Desternes que moi aussi — et toute ma conférence a eu ce sens — je fais la guerre à l'imprécision du langage qui n'est que l'image de l'imprécision de l'esprit. Où nous différons, c'est quand M. Desternes dit que les professeurs de sciences, les professeurs d'histoire parlent en faveur du français. Il entend par là parler pour qu'on donne une heure de plus au français. Moi je prétends parler en faveur du français, quand je dis : faisons tous nos efforts, nous tous, professeurs de français, pour que le temps qui nous est donné, quel qu'il soit (en nous contentant, s'il le faut, du temps qui nous est actuellement donné), pour que ce temps soit mieux employé qu'il ne l'a été souvent jusqu'ici. J'évite d'employer des expressions qui donnent à supposer que j'ai pu faire une statistique générale :

vous comprenez bien que je n'ai pas eu les moyens d'en faire. Dans toute cette discussion, quand je dis : « On fait ceci, on fait cela », cela veut dire que j'ai dans l'esprit un certain nombre de faits qui m'ont prouvé que la manière de faire que je critique n'est pas une manière de faire singulière, la manière de faire d'un individu qui s'oppose à tous ses collègues !

Maintenant, si vous voulez bien, je reviendrai à ce qu'a dit M. Bernès, que les sujets du baccalauréat étaient cause de beaucoup des vices de l'enseignement du français M. Bernès m'a fait grand plaisir par cette observation. Je m'étais proposé, quand j'ai fait ma conférence l'autre jour, de dire un mot du baccalauréat. Et je vous avouerai tout simplement que, dans la nécessité où j'étais d'aller vite, j'ai oublié de le faire.

Je suis content que M. Bernès m'offre l'occasion de réparer cette omission.

Il est très vrai que le baccalauréat exerce, par les sujets qui sont donnés, par beaucoup de sujets — car ici encore je ne veux pas généraliser à l'excès, — je crois qu'il exerce, par son existence même, une influence fâcheuse sur les études de français. Et peut-être M. Bernès trouvera-t-il, cette fois, que je suis trop de son avis ! (*Rires.*) J'en suis peut-être plus qu'il n'en est lui-même.

Je n'ai pas à justifier les sujets que donne la Faculté. Je suis professeur de Faculté : j'en donne quelques-uns. Ils sont bons quand cela se trouve. Ils sont mauvais peut-être souvent. Je ne prétends pas que les miens soient meilleurs que ceux de mes collègues. La seule révélation que je puisse vous faire, c'est de vous dire pourquoi les sujets que mes collègues et moi nous donnons sont souvent mauvais. C'est parce que nous tirons comme des aveugles. Nous jetons à tort et à travers des sujets de baccalauréat sans savoir sur quels élèves ils tomberont ; nous ne pouvons pas faire l'adaptation des sujets à des élèves que nous n'avons pas vus et dont nous ne connaissons ni les progrès, ni la force, ni les études, ni les directions de développement. Tel sujet qui serait très bon s'il était donné à Toulouse, aux élèves d'un professeur qui a employé telle méthode, appliqué l'esprit des jeunes gens à telles ou telles œuvres de notre littérature, devient détestable quand il tombe, à Paris, sur de pauvres diables qui ont reçu une autre préparation, qui, précisément, n'ont pas vu ou qui n'ont vu que dans les manuels le sujet littéraire que l'on donne.

Ainsi beaucoup de sujets des Facultés, je l'accorde, sont, en effet, mauvais et la nécessité de prévoir beaucoup de sujets crée, en effet, aux professeurs de français une situation fâcheuse. Ce n'est pas moi qui plaiderai jamais pour qu'on prolonge cette situation.

Je viens maintenant à M. Boudhors: il a attribué aux nouvelles réformes en général, mais en particulier aux langues vivantes, le fléchissement de la connaissance du français et des qualités d'ordre, de goût et de mesure.

Vraiment, son argument va loin. Nous fera-t-il croire que la connaissance du français dépend de l'ignorance des langues étrangères? (*Protestations.*)

M. Boudhors. — Je me suis retenu de vous interrompre...

M. Lanson. — Si je me suis trompé...

M. Boudhors. — Mais si vous donnez une telle portée à des observations que, sans arrière-pensée ni précaution oratoire, j'ai soumises tout simplement à cette réunion, alors je suis obligé de préciser et de limiter. J'ai dit ceci: je n'ai pas entendu votre conférence. Vous avez indiqué des causes du fléchissement des études de français, incontestables; des causes extérieures, pédagogiques, peu importe. J'en indique une, en outre.

Vous pensez que j'attribue aux langues vivantes... Non! Pas du tout! Il y a un fait: c'est que depuis cinq ans, et depuis deux ans en particulier, j'observe, dans ma classe, à la fois des élèves qui reçoivent un enseignement solide de langues vivantes, et des élèves qui en font moins. Toutes choses égales, — d'ailleurs vous pensez bien que je ne compare pas le premier élève d'une section avec le dernier de l'autre section: nous prenons des élèves d'égale force et de même tempérament — je constate que chez les élèves de la section de latin-grec il y a, sans doute, des faiblesses, mais certainement aussi une sobriété et une pondération qui ne se trouvent pas aussi sûrement dans les élèves de la section latin-langues. Et je vous dis : à quoi voulez-vous que j'attribue cette différence, sinon à l'excès de l'horaire des langues vivantes sur l'horaire du français? C'est une question de proportion.

Je crois à l'exactitude de mon observation; mais je n'y vois pas la cause unique, pour ainsi dire, du fléchissement de l'enseignement littéraire; et, je le répète, je ne dis même rien contre l'existence, ni la méthode, ni l'horaire, de l'enseignement des langues vivantes.

M. LANSON. — Je suis content de voir que votre pensée n'était pas que l'enseignement des langues vivantes, par lui-même, nuise à l'enseignement du français. Il faudrait pourtant...

M. BOUDHORS. — Il est seulement incontestable que, si vous n'apprenez pas le français et si vous apprenez l'anglais, cela ne vous apprendra pas le français!

M. LANSON. — Si vous n'apprenez pas le français et si vous apprenez le latin ou le grec, cela ne vous apprendra pas le français!

PLUSIEURS VOIX. — Si!... Si!...

M. LANSON. — Mais non! l'argument vaut pour toutes les langues qui ne sont pas la langue maternelle.

M. BOUDHORS. — Je vous assure, Monsieur Lanson, que je suis très ennuyé, très sincèrement, parce que rien ne m'est plus désagréable que la discussion par répliques alternées. Cependant, pour moi, ma pensée est très simple, très nette; mais elle ne peut être que l'étude directe, par l'anglais ou l'allemand, de l'anglais ou de l'allemand, profite à l'étude du français. Je m'en rapporte, d'ailleurs, à tout ce que j'ai dit.

M. LANSON. — Je vous assure que je suis tout prêt à retirer la formule que M. Boudhors n'accepte pas, s'il me démontre qu'elle est inexacte, mais je vous assure que je n'arrive pas, quelque bonne volonté que j'y mette, à voir nettement quelle relation M. Boudhors établit entre les copies de ses élèves et l'enseignement des langues vivantes. Laissez-moi vous dire pourquoi je ne vois pas clair. M. Boudhors pense-t-il qu'en donnant moins d'heures à l'enseignement des langues vivantes, on fortifiera l'enseignement du français? Est-ce une autre manière de nous dire : retirez à l'enseignement des langues vivantes une heure? M. Boudhors pense-t-il que le délayage, le bavardage n'existent que depuis la réforme de 1902? M. Boudhors pense-t-il enfin, s'il autorise une certaine étude des langues vivantes, que c'est la méthode directe qui est la cause des défauts qu'il signale! Veut-il dire : j'accepte l'étude des langues vivantes, à condition qu'on les enseigne comme les langues anciennes?

M. Boudhors. — Nous n'avons pas beaucoup l'habitude de discuter ensemble et je le regrette. Vous demandez : M. Boudhors pense-t-il? Veut-il dire? Je ne *pense* rien et je ne *veux* rien dire. Je dis simplement : voici ce que je constate. Vous me demandez si je veux retirer une heure aux langues vivantes ; je ne songe pas ici à discuter les programmes et les horaires.

M. Lanson. — On n'a parlé que de cela ici.

M. Boudhors. — Je viens ici pour dire ce que je vois, pour apporter un élément d'information dont on fera ce qu'on voudra, si on a quelque chose à en faire. Si on me demande mon opinion sur la méthode directe en elle même, je dis que dans l'ordre du jour de l'assemblée d'aujourd'hui il est question de discuter une conférence sur l'enseignement du français dans les classes supérieures. Il n'est nullement question d'étudier la méthode directe.

Vous voulez mon opinion? Je n'en ai pas ici. (*Exclamations.*) Comment voulez-vous que j'aie une opinion compétente, qui puisse avoir une valeur logique ou documentaire, sur une méthode que je n'ai pas pratiquée, que je n'ai pas vu pratiquer, à laquelle je n'ai pas été soumis? Je dis seulement : depuis cinq ans, je fais telle constatation. Vous me dites : A quoi attribuez-vous cela? Je ne me plaçais pas sur ce terrain. Je crois ainsi me mettre dans la situation, je ne dirai pas inattaquable, mais la plus méthodique, n'attaquant rien ni personne. Je dis ce que je constate, et je demande qu'on donne plus de temps à l'enseignement du français. A qui prendra-t-on ce temps? Je n'en sais rien. Je signale un organe malade; je n'accuse pas les organes voisins; mais j'appelle le médecin.

M. Lanson. — Je prends la question telle que vous la posez. Vous avez des élèves, dans certaines divisions, chez qui vous constatez une grande faiblesse en français, l'imprécision, la surabondance des mots. Voilà le fait. Mais voici où commence l'opinion, et vous aurez beau faire, vous avez une opinion, c'est de dire : ils ont ces défauts parce qu'ils sont des élèves de langues vivantes qui sont instruits par la méthode directe...

Il n'est pas possible de prendre les choses autrement. Je laisse ce point, sur lequel M. Boudhors et moi n'arriverons pas à nous mettre d'accord...; et je souhaiterais qu'il n'y eût que celui-là!

M. Boudhors nous dit encore : il y a maladie de l'attention, D'accord, s'il le veut. Est-ce qu'une maladie de l'attention se corrige en prolongeant le temps pendant lequel on demandera de l'attention? Pour moi, je crois, en effet, que l'attention des enfants est faible; et ce n'est pas parce qu'ils sont malades. C'est un phénomène normal que les enfants aient peu d'attention... Tous les médecins nous disent que l'enfant est incapable de s'appliquer longtemps : ce n'est pas de son âge. Par de petits exercices très courts et souvent répétés vous arriverez à le corriger de cette inattention, à développer l'attention réfléchie. Je me demande donc si, dans le temps dont vous disposez, vous ne pouvez pas commencer à opérer cette cure de l'attention.

Je crois que, sans entrer dans la discussion des méthodes, j'ai répondu à peu près à tout ce qu'on a dit. Cependant, il reste une chose sur laquelle je dois dire un mot- C'est une question qui a été discutée en sens divers par MM. Bernês et Rabaud. Ils ont été d'accord sur ceci, et sur ceci seulement, qu'il n'y avait pas de crise de l'enseignement du français. Je ne voudrais pas prolonger la discussion en m'attardant sur ce mot de crise, et, surtout, je voudrais éviter une dispute de mots. M. Bernès dit que cela date de cinquante ans. Non, cela ne date pas précisément de cinquante ans. J'ai essayé de démontrer que les causes remontaient encore plus loin et qu'elles avaient été s'aggravant, se multipliant, se compliquant; de montrer que les élèves étaient devenus de moins en moins aptes à la forte étude littéraire, aux formations de goût et de rhétorique. J'ai essayé de démontrer que, parallèlement, notre enseignement était devenu de plus en plus difficile à communiquer, et j'ai conclu que le manque d'adaptation de l'enseignement aux élèves s'était aggravé jusqu'au moment où on avait été contraint de s'en apercevoir. Ce manque d'attention est devenu très sensible aujourd'hui; à tel point que des professeurs de lycée le remarquent et disent : pour remédier à cela, il faut nous donner une heure de plus. Et alors je leur dis : à mon sens, le remède n'est pas là.

Voilà tout simplement ce qu'on peut appeler la crise de l'enseignement.

Il y a chez beaucoup de professeurs le sentiment que l'enseignement du français ne rend pas ce qu'il devrait rendre. C'est ce sentiment-là, commun à beaucoup de professeurs et à moi, que nous sommes d'accord pour appeler crise de l'enseignement. Pour eux, pour beaucoup de ceux qui sont ici, au moins pour un certain nombre, c'est une crise de l'horaire. Pour moi, c'est une crise de méthode. Mais enfin il y a crise à partir du moment où l'inadaptation de l'enseignement aux élèves devient sensible à beaucoup de personnes.

Je n'ai pas à répondre plus longuement à MM. Rabaud et Bourgin, qui, s'appuyant sur les expériences personnelles qu'ils ont faites dans leurs classes, contents des résultats qu'ils obtiennent par leur méthode, disent : « Il n'y pas de crise. » Mais ils ne s'opposent à moi sur la position de la question que pour se retourner plus vigoureusement contre mes adversaires. Et je crois que, sur l'essentiel, ils sont d'accord avec moi pour maintenir la réforme de 1902.

M. le Président. — Plusieurs d'entre vous ont encore demandé la parole; mais il est 6 heures. Voulez-vous que nous remettions la fin de cette discussion? (*Adopté.*)

L'EXPLICATION FRANÇAISE,

PAR M. A. CAHEN,

INSPECTEUR DE L'ACADÉMIE DE PARIS.

J'avais, en principe, accepté très volontiers de me charger de la conférence que MM. Langlois et Lanson m'avaient fait l'honneur de me demander pour cette sixième série d'entretiens pédagogiques. Mais, après la discussion si ample de l'autre jour, je suis un peu confus de ce que je vous apporte aujourd'hui. Je n'ai à exposer que quelques idées très simples sur un sujet précis, mais exigu, dans les limites duquel, pourtant, je vous demande la permission de me maintenir.

En dehors des leçons à apprendre par cœur et de l'enseignement de la grammaire, nos programmes de français prescrivent, pour toutes les sections, trois sortes de travaux. Après la conférence générale de M. Lanson sur la crise des méthodes, M. Rudler vous a parlé de la composition; M. Bezard vous parlera de l'histoire littéraire; c'est de l'explication française, telle qu'elle se pratique dans nos classes, que je voudrais essayer de rechercher avec vous l'esprit, l'objet et la méthode.

Pour en déterminer l'esprit, il faudrait opposer la manière dont nous entendons aujourd'hui l'exercice à celle dont on l'entendait autrefois. Je ne puis, cependant, refaire ici tout ce chapitre de l'histoire pédagogique du XIXe siècle. Mais il est trois dates auxquelles il me paraît important qu'on s'arrête : celle du point de départ, du rapport rédigé par Fontanes en 1803, au nom de la Commission nommée pour le choix des livres classiques des lycées ; — celle des ministères de Villemain et de Cousin (1840-1844); — celle, enfin, des programmes Jules Ferry en 1880.

D'où part-on d'abord? Du désir très apparent de donner satisfaction à certaines critiques dirigées contre l'enseignement dans l'ancienne France.

Nous connaissons, au sujet de l'étude des auteurs français, les vœux d'un Rollin dans la première partie du XVIIIe siècle, d'un La Chalotais dans la seconde : bien d'autres en ont dû faire entendre d'analogues. « Les écoles modernes, dit donc Fontanes dans son rapport, ne mériteront pas les reproches faits quelquefois aux anciennes Universités : on ne dira plus que l'étude du français est sacrifiée à celle du latin. »

Et, en effet, la Commission établit une liste d'auteurs, qui ne correspond plus entièrement à notre goût, mais qui est très abondante, surtout dans la classe de « belles-lettres », l'ancienne seconde année de rhétorique.

Cependant, malgré cette richesse, l'étude des auteurs français n'est évidemment, dans l'esprit de Fontanes et de ses collègues, qu'une sorte d'annexe à l'objet propre de l'enseignement, et nos écrivains ne sont envisagés, pour la plupart, que comme pouvant donner lieu à des comparaisons avec les auteurs anciens : Saint-Réal fera mieux apprécier Salluste, et Vertot, Tite-Live, avec lequel Bossuet sera mis en parallèle, comme Montesquieu avec Tacite, Madame de Sévigné avec Pline le Jeune, les *Odes* de J.-B. Rousseau avec celles d'Horace, le *Charles XII* de Voltaire avec l'*Histoire d'Alexandre* de Quinte-Curce, quoique, ajoute le rapporteur, chez qui le courtisan ne perd pas ses droits, « le roi de Suède soit, à vrai dire, le Pyrrhus, et non l'Alexandre moderne ». D'ailleurs, quel est l'usage qui, soit en classe, soit hors de la classe, doit être fait de ces textes français? Se borne-t-on à en recommander la lecture? Seront-ils l'objet d'un exercice déterminé? Le rapport n'en dit rien.

La seconde date importante est marquée, avons-nous dit, par les deux ministères de Villemain (mai 1839-mars 1840 et octobre 1840-décembre 1844) et par le court ministère de Cousin qui les sépare. Ces deux hommes illustres, révélaut, avec les leurs, les préoccupations du Conseil Royal de l'Université, ont voulu l'un et l'autre fortifier l'enseignement du français et lui donner la place à laquelle il leur semblait qu'il eût droit. Mais la manifestation la plus éclatante de ce désir, c'est Cousin, non Villemain, qui en eut l'honneur. Au mois de juillet 1840, il publie tour à tour deux règlements qui introduisent expressément parmi les épreuves orales, l'un du baccalauréat, l'autre de la licence, l'explication d'un texte français, et qui attribuent à la nouvelle épreuve la même importance qu'à l'explication du texte latin et du texte grec. Et, pour bien marquer le sérieux souci qui lui avait dicté la réforme : « Ces auteurs, disait-il, dans une circulaire du 8 mai, relative à son projet, sur lequel il consultait les Recteurs et les Facultés, ces auteurs pourraient être analysés sous le rapport littéraire et même sous le rapport grammatical ; car la langue nationale doit être étudiée avec autant de soin que les langues classiques de l'antiquité. »

Indication précieuse, mais qui n'est qu'une indication, bien éloignée encore de fixer la doctrine et la pratique. — La doctrine, malheureusement, ce n'est pas Cousin, c'est Villemain qui la fixe, et, autant qu'on peut percevoir son sentiment dans les différents documents de son ministère qui nous intéressent, si l'on fait, au collège, une place à l'étude des auteurs français, c'est essentiellement, à ses yeux, afin d'offrir aux jeunes gens, et même aux enfants des classes élémentaires, des modèles de l'art d'écrire. Quant à la pratique, il semble que le temps qui lui était réservé ne dût pas répondre tout à fait à ce qu'avaient pu espérer Cousin et les novateurs sincères. Je ne saurais en alléguer aucune preuve directe ; mais on en peut juger par ce qui se passait encore dix ans plus tard. M. Raband nous parlait l'autre jour de ce plan Fortoul, qui suscita tant de critiques de l'ordre le plus élevé ; mais il faut du moins, nous disait-il, rendre à ce ministre cette justice, que l'explication des auteurs français trouva en lui un partisan résolu. Or, à cet exercice qu'il juge si utile, combien accorde-t-il de temps? M. Rabaud le rappelait : dix minutes. Ses fameux horaires partagent manifestement la classe en deux parties : chacune comporte un exercice principal, qui dure trois quarts d'heure, la première, l'explication de l'auteur latin ou grec; la seconde, la correction des devoirs; la demi-heure qui reste est employée aux menues occupations, aux occupations d'ordre, la prière, la dictée des devoirs, la récitation de la leçon et, comme annexe à cette récitation, l'explication du texte de la leçon suivante.

Eh bien! ce système qui fait, à notre gré, une part si insuffisante à l'explication des textes français, ce système qui ne permet l'étude suivie d'aucune œuvre un peu étendue, c'est celui qui était encore en usage à l'époque où les hommes de mon âge faisaient leurs classes de lettres, c'est-à-dire dans les années qui ont suivi la guerre, et cela en dépit du mouvement réformateur qui commençait alors à agiter l'Université et dont la circulaire de Jules Simon fut, en septembre 1872, le symptôme le plus éclatant. Mais cette circulaire, si justement célèbre, c'était, qu'on le remarque, à la méthode et à l'orientation des études grecques et latines qu'elle était surtout consacrée. Moins de discours latins, moins de vers latins, plus d'explications de textes, voilà ce qu'elle recommandait surtout. Certes de telles instructions dépassent leur objet : pour la première fois, le point de vue de Villemain et de l'ancienne Université était délibérément abandonné et l'on proposait aux jeunes gens d'étudier les grands écrivains, non plus pour les imiter, mais tout simplement pour les connaître. Cependant, quoique dans cette circulaire, animée d'un esprit si libéral et si moderne, une grande place fût naturellement revendiquée pour le français, elle ne s'étend à ce propos que sur les devoirs; de l'explication des textes français elle ne dit rien. Et quand, huit ans plus tard, sous le ministère de Jules Ferry, parut enfin le plan d'études qui transformait en prescriptions positives et légales les larges indications de la circulaire de 1872, les instructions qui y furent jointes restèrent muettes également sur cet exercice de l'explication française. Du moins, dans toutes les classes était-il explicitement prescrit.

Mais il y a plus. Consacrant une initiative dont il faut laisser l'honneur aux professeurs qui illustraient alors les hautes chaires des lycées de Paris et, avant tous les autres, à Gustave Merlet, le Conseil supérieur élargissait enfin la liste traditionnelle des auteurs classiques. Elle s'ouvrait au XVIe et au XIXe siècle; le moyen âge lui-même s'y trouvait désormais représenté par deux de ses textes les plus célèbres, la *Chanson de Roland* et Joinville; enfin, par une innovation moins frappante en apparence, mais non pas moins significative, à côté des *Oraisons funèbres* de Bossuet, on faisait figurer ses *Sermons*, à côté des *Pensées* de Pascal, ses *Provinciales*, à côté du *Siècle de Louis XIV*, les *Lettres* de Voltaire : qu'est-ce à dire, sinon que, sur tous les points, les traditions étroites et timides de l'ancienne éducation littéraire commencent à céder?

On sent assez quelle sorte de scrupule avait fait bannir des programmes les *Provinciales* et toutes les œuvres de Voltaire, à l'exception du *Charles XII* et du *Louis XIV*, et je n'y insisterai pas. Mais l'inscription des *Sermons* de Bossuet révèle un mouvement plus délicat du goût et de la pédagogie littéraire.

Pour la première fois on proposait à l'étude de nos grands élèves une œuvre — de génie, il est vrai, — mais non pas une œuvre définitive, non pas une de ces œuvres qu'on présente à des apprentis comme des modèles; bien moins capahle assurément de servir de modèle, je ne dis pas que les *Oraisons funèbres* de Bossuet, qui sont d'authentiques chefs-d'œuvre, mais que ce *Petit Carême* de Massillon, qui figura si longtemps sur les programmes d'autrefois. Sans les détourner par ailleurs de l'étude des œuvres parfaites, on les conviait pour la première fois à suivre chronologiquement l'effort d'un grand orateur vers la perfection. C'est enfin à l'histoire du génie d'un homme — de même qu'en inscrivant au programme les œuvres fortes ou charmantes, mais nécessairement imparfaites, des siècles qui ont précédé le XVIIe, c'était à l'histoire du génie d'un peuple — qu'on leur proposait de s'intéresser.

Et, comme pour mieux marquer l'intérêt et la portée de ces innovations, l'étude de l'histoire de la littérature française était en même temps introduite dans le programme.

Sur ce dernier point, vous le savez et je me hâte de le dire, l'expérience faillit devenir funeste et tourner contre l'intention même qui l'avait fait instituer. On put craindre, en effet, que la connaissance des manuels ne se substituât bientôt à l'étude consciencieuse des textes. C'est pourquoi les instructions de 1890 et, après elles, celles de 1903 ont tendu très sensiblement à restreindre plutôt qu'à encourager l'enseignement proprement dit de l'histoire littéraire. Mais ce n'en est pas moins l'esprit des réformes de 1890 qui a continué à animer la rédaction de nos programmes. J'en trouve le témoignage le plus évident dans les listes mêmes des auteurs français entre lesquels les professeurs peuvent choisir leurs textes d'explication : elles n'ont cessé de s'enrichir, proposant à notre étude, sans distinction ni d'époque, ni d'école, ni de parti, tous les noms les plus illustres, toutes les œuvres les plus belles, les plus agréables ou les plus caractéristiques de notre littérature nationale.

Ainsi, nos grands auteurs, étudiés non plus en vue de faire mieux apprécier les auteurs anciens, non plus en vue de leur demander des modèles pour le futur écrivain ou le futur orateur, mais étudiés en eux-mêmes, pour eux-mêmes et dans leurs œuvres mêmes, non à travers les œuvres des critiques, il me semble que ces formules expriment bien la pensée qui inspire nos programmes et justifient la place qu'ils font à l'explication des textes français.

Si tel est l'esprit de cet exercice, on voit par là même quel en est l'objet. Je ne parle pas du profit général que nous en attendons pour le cœur et l'esprit de nos élèves et auquel, non plus que personne, on le verra, je ne suis prêt à renoncer ; je parle d'un objet immédiat et précis.

Il importe ici de parler avec d'autant plus de netteté que, sur ce point, je ne suis peut être pas tout à fait d'accord avec des hommes que j'aime et que je respecte infiniment.

Beaucoup de bons et de généreux esprits voient avant tout dans l'étude des textes un moyen d'éducation morale : c'est essentiellement pour ce qu'on en peut tirer d'instruction sur les devoirs de l'homme qu'il faut, suivant eux, faire lire nos grands écrivains. D'autres, dans un sentiment très analogue, souhaiteraient que l'explication des textes français fût dominée par une doctrine de l'art et de la littérature et que, comme le dit M. Fouillée [1], la notion d'un certain idéal introduisit dans ces lectures à la fois un ordre et un sens. Très noble conception, dont aucun éducateur ne pourra jamais se désintéresser complètement ; — périlleuse cependant, j'en ai peur, si on la réduit à la pratique. Cet idéal, artistique ou moral, qui le fixera ? On dira que, sur la pratique de nos devoirs, sur les actes et les sentiments par lesquels l'honnête homme se distingue du méchant, nous sommes tous d'accord. Sans doute. Mais d'abord, il ne s'agit pas de nous ; il s'agit d'hommes qui ont vécu à des époques souvent très différentes de la nôtre et dont il ne nous est possible ni de modifier ni de discuter à chaque pas les croyances, les théories ou les préjugés ; de sorte que la réponse à l'objection, qui convient très bien s'il est question d'instituer dans nos classes, comme on l'a fait avec beaucoup de raison et beaucoup de succès, un cours élémentaire de morale pratique, ne paraît plus valoir autant à propos de l'étude de l'histoire ou de la littérature. De plus, cet accord dont on parle, il ne subsiste qu'à l'étiage intermédiaire, pour ainsi dire, où se place nécessairement le professeur de morale : il cesserait si nous discutions des principes, de même que si nous descen-

[1] *Les études morales et sociales au point de vue national*, III (*Revue des Deux Mondes*, 1er novembre 1890).

dions aux complications, qui sont la réalité même. Or nous ne pouvons pas faire non plus que nos grands écrivains, un Montaigne, un Pascal, un Molière, un Rousseau, s'en soient tenus à ce niveau ; ils ne sont grands justement que pour l'avoir dépassé, et c'est bien ainsi qu'il convient de les faire connaître, sinon aux enfants du premier cycle, du moins aux adolescents du second. Dès lors, quelles divergences entre les maîtres ! Que de gênes pour les uns ! De la part des autres, que de regrettables exclusions !

Mêmes inconvénients si le but de l'explication littéraire est l'édification d'une doctrine esthétique. Mêmes inconvénients et bien d'autres encore ! Réduit à la pratique, ce système se traduirait, au moins nous pouvons le craindre, par l'usage incessant de ces développements de critique générale dont M. Lanson dénonçait ici même le danger. Les élèves sont, comme tous les hommes, partisans du moindre effort ; s'il leur apparaît une fois que ce qu'on leur demande, tant en classe qu'aux examens, c'est, non de connaître, mais de juger, tenons pour certain qu'ils iront au but par le plus court chemin.

C'est pourquoi nous leur proposerons, nous, beaucoup moins de juger que de connaître, et ici, connaître c'est comprendre.

Aussi bien ce mot d'*explication* ne change-t-il pas de sens en passant de la langue commune dans la langue spéciale de l'école. Expliquer, c'est, je cite la définition même de l'Académie, c'est « éclaircir un sens obscur, rendre un discours intelligible ou faire connaître la cause, le motif d'une chose qui paraît extraordinaire ».

Nous pouvons nous arrêter à cette définition du sens propre et même, dans un cas au moins, j'entends s'il s'agit d'expliquer un auteur étranger, nous en tenir aux premiers mots de l'Académie : dans un texte étranger, tout est supposé obscnr à l'égard de celui qui n'en connaît pas ou qui n'en connaît qu'imparfaitement la langue. Aussi, quoique une bonne explication d'un texte grec, latin, anglais, allemand ne doive pas être bornée à la traduction, celle-ci cependant en est une partie si évidemment primordiale qu'à la rigueur nous pouvons nous en contenter et qu'en tout cas un élève qui doit expliquer un texte de langue étrangère sait précisément quel est le but de son premier et de son plus important effort. En français, au contraire, comme, à l'exception de quelques archaïsmes ou de quelques termes techniques, l'auteur paraît n'employer que des mots et des tours qui, en eux-mêmes, sont familiers au lecteur superficiel, rien ne l'étonne; et tandis que, chez l'auteur étranger, chaque mot, ou peu s'en faut, l'arrêtait, il lit ici, d'un bout à l'autre, la page, le chapitre, la scène, sans inquiétude et croyant comprendre. La vérité est pourtant qu'il ne comprend pas : « Les examens du baccalauréat ès lettres le démontrent tous les jours », dit une pièce officielle, qui est, il est vrai, datée de novembre 1854; mais l'opinion du jury n'a pas changé depuis. Il ne comprend pas; et, quand nous accusons ainsi, nous ne pensons pas à certains passages réellement obscurs comme il s'en trouve dans les plus grands écrivains, soit par la faute des écrivains eux-mêmes, soit parce que quelque allusion à un fait contemporain nous échappe : nous parlons de passages tout unis, écrits avec soin, qui ne contiennent aucune allusion, et qui n'en sont pas moins difficiles. Supposons un élève de seconde ou de première, une personne de culture moyenne lisant pour la première fois la dissertation de Pascal sur l'esprit de finesse et l'esprit de géométrie, le premier chapitre de l'*Esprit des lois,* une pièce des *Destinées;* tous les hommes de notre profession, tous ceux qui ont quelque expérience de ces choses peuvent affirmer, je ne dis pas qu'ils ne comprendront rien, mais qu'ils n'emporteront de telles pages qu'une notion très grossière et viciée encore dans le détail par de véritables contre-sens.

Il faut donc expliquer, au sens précis du mot, les auteurs français, si l'on veut que ces auteurs soient connus, c'est-à-dire compris.

Nous arrivons ainsi, Messieurs, à la méthode de l'explication française, et je m'excuse d'avance de tout ce que je vais avoir à dire à la fois de minutieux et de connu ; mais, dans un entretien professionnel comme celui-ci, la précision a son prix.

Distinguons d'abord entre le premier et le second cycle. Non pas d'ailleurs qu'on puisse attribuer à cet exercice de l'explication moins de place dans l'un que dans l'autre. Dès la sixième, il convient de le considérer comme l'un des plus importants, quelques-uns ont dit : comme l'exercice capital de la classe. Selon les instructions de 1903, l'explication — l'explication française aussi bien que l'explication latine ou grecque — remplit, avec la récitation des leçons, une classe d'une heure, et la Commission de l'enseignement français récemment réunie au Ministère, dont on parlait ici il y a quelques jours et dont, à propos des classes du premier cycle, je ne ferai guère que reproduire le sentiment, demandait que, sur les trois classes d'une heure consacrées au français dans la section A du premier cycle il y en eût une, que, sur les cinq de la section B il y en eût deux ainsi consacrées à la lecture expliquée.

Mais d'abord, cette expression même de *lecture expliquée,* qui convient en somme à toutes les classes, doit être particulièrement rappelée, on le disait avec raison, à propos des premières, j'entends de celles où se trouvent les élèves les plus jeunes. La lecture, en effet, qui donne lieu à un prix spécial dans les classes élémentaires, cesse d'être une faculté distincte à partir de la sixième. Raison de plus pour tenir à ce que nos élèves, en se gardant — ceci est essentiel — de toute prétention et du débit de théâtre, lisent nettement, avec le ton qui convient et au tour de la phrase et au sentiment qu'elle exprime. Bien lire c'est prouver que l'on comprend bien, et c'est faire bien comprendre aux autres. Aussi souscrirais-je presque à ce sentiment de certains pédagogues, qui accepteraient à la rigueur que le morceau à expliquer et préalablement lu à la maison ou à l'étude ne fût pas en classe lu d'abord à haute voix, mais qui, en revanche, considèrent la lecture suivie, ininterrompue et expressive du texte comme la conclusion naturelle et je dirais comme le but même de la séance consacrée à l'explication.

En tout cas, nous accepterons l'indication qui est implicitement contenue dans le vœu de ces pédagogues : le morceau à expliquer, fable, conte, description, dialogue, doit avoir une juste étendue et offrir un sens bien défini, sinon former un tout, car deux ou trois lectures successives peuvent s'enchaîner.

Mais le choix de ce texte bien net et bien défini est délicat. Je me souviens, et quelques amis qui sont dans cette salle s'en souviennent comme moi, qu'à l'époque héroïque des universités et des lectures populaires, lorsque nous y travaillions sous la conduite et à l'exemple de Maurice Bouchor, ce fut souvent un grand souci pour nous que de découvrir des pages, des scènes très belles et dignes d'être connues, mais par lesquelles en même temps notre public pût être séduit et non pas étonné et dérouté. Que de fois n'éprouvons-nous pas les mêmes scrupules à choisir parmi les pages que nous voudrions faire connaître à de jeunes enfants! Nulle difficulté pour les textes qui sont manifestement au-dessus de leur portée : on les reconnaît au premier abord et on les exclut. Mais, combien en est-il d'autres, aimables et faciles, à notre gré, qui pourtant les déroutent, par exemple par un certain archaïsme de la plaisanterie ou par ce qu'elle a pour eux d'inattendu! ils sont tout prêts à rire d'une scène de Molière; dans une lettre de Madame de Sévigné, ils passeront sans les voir à côté d'un gentil jeu de mots, d'une raillerie piquante, qui les auraient fait sourire s'ils les avaient reconnus. C'est à nous de juger si une mise au point préalable, par quelques mots de bonne humeur, est possible, ou s'il vaut mieux écarter le texte, au cas où l'agrément n'en saurait être saisi.

Maintenant, ce texte choisi, l'explication en doit-elle être préparée? Par les élèves, s'entend; car, par le professeur, personne n'en doute.

Contrairement à ce qu'on pourrait croire, la réponse sur ce point n'est pas unanime, et quelques-uns sont d'avis de ne demander aux élèves que des explications improvisées. On peut en effet trouver à ce système deux avantages : le premier, c'est que les enfants sont ainsi moins chargés; le second, le plus important, c'est qu'il favorise à la fois la promptitude de l'esprit et les facultés d'observation et d'initiative. L'enfant est devant son texte comme devant un objet; il décrit ce qu'il observe, guidé par les questions du maître, et, quand il ne voit pas clair, questionne à son tour. Système intéressant et que je ne crois pas qu'il faille absolument repousser. Mais il ne pourrait, semble-t-il, devenir l'unique règle ou même la règle ordinaire dans une classe un peu nombreuse, d'abord parce qu'il y faut compter avec le temps, avec l'inertie ou la lenteur de certains enfants, et avec l'obligation pourtant de faire travailler tout le monde. Puis, si c'est un avantage que de s'exercer à répondre avec promptitude, c'en est un autre que d'apprendre à réfléchir et à chercher méthodiquement la solution d'une petite difficulté. Enfin, il n'y a pas lieu de parler de surcharge, si le professeur est tant soit peu expérimenté et sait à la fois, par conséquent, mesurer la tâche et guider le travail de l'enfant.

Car il semble nécessaire, c'est l'opinion de la plupart des professeurs et probablement de tous, il semble nécessaire qu'en sixième et même en cinquième on indique à l'avance aux enfants sur quels points porteront les questions lors de l'explication.

Questions très simples, cela va de soi, sur le sens général du morceau et sur le sens particulier de certaines phrases ou de certains mots, questions qui s'adressent à la fois à l'expérience de l'enfant, à sa mémoire et à sa réflexion, assurant à la fois en lui la connaissance de la langue et l'intelligence des choses — et nous n'entendons pas moins par là les sentiments exprimés par l'auteur que les objets matériels qu'il décrit.

L'exercice d'ailleurs est connu et pratiqué partout, et l'on on trouverait des exemples excellents dans quelques publications scolaires récentes.

Nous n'abandonnerons pas, au delà de la cinquième, cette explication littérale et grammaticale des mots et des phrases, qui reste la condition et la sauvegarde de l'intelligence du texte. Mais les observations auxquelles elle donnera lieu pourront devenir plus riches et plus intéressantes. Les programmes bannissent aujourd'hui avec raison tout cours suivi de grammaire historique; mais ils engagent les professeurs à donner, à l'occasion de la lecture des textes, des notions de grammaire historique « dans la mesure, est-il dit, où elles peuvent rendre plus intelligible l'usage actuel de la langue ». Ainsi, il reste entendu que c'est vers l'usage, non vers l'érudition, que cet enseignement, même en quatrième et en troisième, restera toujours orienté. Il n'en est pas moins vrai qu'en leur découvrant le sens plein de cette expression « une langue vivante », il renouvelle pour nos élèves, de la manière la plus intéressante, l'étude grammaticale des textes et en même temps l'étude de la langue française elle-même, puisque cette étude ne comporte presque plus en quatrième A, et plus du tout en quatrième B et dans les deux sections de la troisième, d'enseignement théorique. « C'est l'étude des particularités de la langue de nos écrivains classiques et de leurs prédécesseurs immédiats, dit l'auteur d'un cours supérieur de grammaire française, qui doit être, si je ne me trompe, le fond de l'enseignement grammatical dans toutes les classes de quatrième et de troisième[1]. » Et en effet, il consacre ses efforts à instituer une sorte de comparaison systématique et raisonnée entre cette langue et notre langue actuelle.

Et c'est le même esprit qui anime l'excellent *Petit glossaire*

[1] Léopold Sudre, *Grammaire française, cours supérieur* (Paris, Delagrave, 1907, préface).

des classiques français du XVIIe siècle de M. Huguet. Car il est évident que la pratique que nous essayons de définir s'applique au vocabulaire non moins qu'à la syntaxe. Et ici, je n'ai, je crois, qu'à interroger notre expérience à tous ou à rappeler ce que nous savons de l'expérience de nos amis pour témoigner de l'empressement avec lequel les élèves suivent et surtout se chargent de préparer une telle explication.

Toutefois, ce n'est pas à cette étude que se bornera l'explication. L'esprit des élèves est capable maintenant d'une attention plus longue, la perception est devenue plus fine, le raisonnement s'est affermi : c'est le temps, non plus seulement de s'assurer qu'ils comprennent le sens général d'une page de français, mais de leur faire saisir un enchaînement d'idées tant soit peu délicat, de leur faire découvrir, dans ce qu'ils ont de plus sensible et de plus essentiel, les procédés de la composition. Ce progrès est d'ailleurs parallèle à celui des devoirs écrits, puisque, si l'on essaie d'habituer les enfants à exprimer leur pensée par écrit dès la sixième, ce n'est qu'en quatrième qu'on commence à les exercer à des « compositions très simples ».

Enfin, de plus en plus, on les initie à des œuvres d'une certaine étendue : dès la cinquième, des scènes choisies des tragédies de Corneille, des comédies de Molière, une tragédie de Racine tout entière, *Esther*, et le *Télémaque* de Fénélon figurent au programme. On ne fait, sans doute, étudier que des fragments de ces ouvrages, mais non sans les relier entre eux et sans apprendre aux enfants quelque chose de leur auteur et même, en certains cas, des rapports de l'œuvre avec les mœurs ou avec l'histoire générale de l'époque où elle a été écrite, pratique particulièrement facile et fructueuse lorsque le programme de français et le programme d'histoire coïncident, comme il arrive en partie pour la cinquième et la troisième et en très grande partie pour la quatrième.

Mais où l'explication française, par la nature même des choses, contribue le plus à la formation de l'esprit de nos élèves, c'est évidemment dans les classes du second cycle; c'est là qu'elle est le plus approfondie. Non qu'on ne doive faire une part aussi (le programme le prévoit) à des lectures plus rapides, destinées à faire connaître des œuvres ou des parties d'œuvres qui ne comportent pas ou auxquelles on n'a pas le temps de consacrer une étude prolongée; mais je n'entends parler que de l'explication proprement dite.

Comment d'abord en choisir les textes ?

La question ne se pose plus du tout ici de la même manière que pour la sixième ou la cinquième, et le programme, avec ses listes d'auteurs si abondantes, nous dicte, pour ainsi dire, la réponse. Puisque toutes les époques, du moyen âge au XIXe siècle, y sont représentées, il est souhaitable qu'aucune d'elles, au cours des deux dernières années d'études, ne soit entièrement sacrifiée, ni le moyen âge, malgré les difficultés particulières qu'en présente l'étude dans une classe de seconde, ni le XVIe, ni le XIXe siècle, — ni le XVIIIe, le seul qui rencontre (en dehors de l'Université, il est vrai) des adversaires passionnés. Il me semble que nous ne manquons pas à l'impartialité, qui est notre loi, en écartant leurs objections. L'apparition des *Lettres anglaises*, de l'*Esprit des lois*, de l'*Essai sur les mœurs*, de l'*Histoire naturelle*, de l'*Émile* ne le cède en importance à aucun des événements les plus mémorables de l'histoire littéraire du siècle précédent, et nous ne pensons pas que « parce que les problèmes qu'ils soulèvent sont encore pendants », comme on l'a dit[1], nous devions écarter de notre plan d'éducation les plus belles pages de ces grandes œuvres. Ce que nous ne comprendrions pas, au contraire, c'est que nos élèves fussent jetés sans transition des magnifiques lieux communs de la politique et de l'histoire qui remplissent les chapitres les plus célèbres de la

[1] Ferdinand Brunetière, *Sur l'Organisation de l'enseignement secondaire français* (*Revue des Deux Mondes*, 1er mai 1891).

troisième partie du *Discours sur l'Histoire universelle* dans les réalités de la politique et de l'histoire. En appelant leur attention pour la première fois sur les divers systèmes de gouvernement, sur les lois de l'économie politique, sur celles qui favorisent ou qui paralysent le commerce et la prospérité nationale, sur la distinction qu'il y a lieu d'établir entre les devoirs communs à tous les citoyens d'un État et les droits de la conscience individuelle, Voltaire et Montesquieu seront leurs précepteurs. Et je ne parle pas de cette autre leçon que sera pour eux, au XVIIIe siècle, l'extension, du domaine même de la littérature. Combien il faut savoir gré à ceux de nos collègues qui, en éditant des lettres choisies de Voltaire, au moment où pour la première fois elles furent inscrites sur nos programmes, virent clairement qu'il ne convenait pas de se restreindre au vœu de Nisard, souhaitant qu'on fît un recueil de celles dont le sujet est littéraire [1] : une lettre sur Racine, sur Corneille ou sur Shakespeare, voisinant dans le recueil avec telle autre adressée au newtonien Maupertuis (j'entends le Maupertuis d'avant Berlin), à l'ingénieur Deparcieux, à l'agronome Moreau de la Rochette, aux défenseurs des Calas, aux protecteurs des industries de Ferney, en devient encore plus précieuse et, en un sens, plus instructive. Et sur la littérature même et sur l'art, quelle richesse et quelle nouveauté de pensée chez Rousseau, chez Diderot! Tout cela, Messieurs, ne veut certes pas dire qu'il faille sacrifier le XVIIe siècle au XVIIIe, mais seulement que nous ne pourrions, sans dommage pour nos élèves et sans injustice, refuser de faire au XVIIIe siècle une part très large et qu'enfin c'est notre droit et notre devoir de nous inspirer, dans le choix de nos textes d'explication, de l'esprit de nos programmes, si éclectique et si libéral.

Quant à la pratique de l'explication dans nos classes de seconde et de première, il me semble que c'est là que se

[1] Lucien Brunel, *Notice sur Voltaire et sa correspondance*, p. XXXIX (en tête d'un *Choix de lettres*, Paris, Hachette, 1885).

révèle le plus cette identité foncière, non des tendances, mais des besoins intellectuels des hommes d'une même époque : nous sommes tous avides d'exactitude et de précision. Il n'est pas un professeur d'abord qui, avant d'expliquer une ligne de l'ouvrage qu'il a choisi, ne s'inquiète de le situer exactement dans la carrière de l'écrivain ou dans l'histoire de la littérature ou dans l'histoire générale de son époque, et je ne songe pas seulement aux œuvres d'un Voltaire et d'un Rousseau, dont on sent bien qu'elles sont presque toutes inséparables de la vie même de ces écrivains, ni aux poésies datées — d'une date exacte ou mensongère — d'un Lamartine ou d'un Victor Hugo, mais aux œuvres en apparence les plus détachées des circonstances, à celles qui semblent ne s'inspirer uniquement que d'un souci d'art et de morale, un *Misanthrope*, une *Phèdre*, une *Athalie* : nous savons bien qu'elles ne peuvent être pleinement comprises qu'à leur date.

Elles ne peuvent l'être également que si nous recueillons les confidences que, soit dans une préface, soit par tout autre moyen, les auteurs ont pu nous faire eux-mêmes sur leur œuvre. Lire d'abord les préfaces ou les documents contemporains qui nous rendent un service analogue, c'est un principe constant chez nous, et sans doute on en a reconnu l'excellence, puisque je vois que l'enseignement primaire nous l'emprunte: dans le programme récemment paru de l'examen du brevet supérieur pour les années 1910-1913, figure *Britannicus* « avec la première préface »; l'indication est explicite.

C'est un de nos soucis encore de n'expliquer que sur des textes corrects, ou, s'il n'en existe pas, comme il arrive pour les plus grands écrivains du XIXe siècle, nous voulons être en état, par nos vérifications, de corriger la leçon fautive, quoique traditionnelle, qu'on peut relever dans certaines éditions, qui s'intitulent parfois définitives.

Mais enfin nous voici en présence du texte et, ici comme dans les classes du premier cycle, il est évident que l'explication suppose d'abord l'intelligence parfaite des mots et des phrases. Vocabulaire et grammaire sont donc les premiers objets que nous signalerons à l'attention et aux recherches des élèves. Une question pourtant se pose, question de pratique, assez délicate : cette étude, faut-il la distinguer de celle que nous ferons de la pensée? Faut-il, comme le disent les candidats aux examens, « faire d'abord quelques remarques sur la forme »? Oui, serait-on tenté de répondre, sous peine de tout confondre et de ne laisser dans l'esprit des élèves aucune idée nette. Oui, répondrai-je à mon tour, s'il s'agit, comme il peut arriver, de formes usuelles à l'époque de l'écrivain et sans valeur expressive; mais non, si ces formes, sans même être propres à l'auteur, dévoilent quelque chose de son fond et de ses procédés. Oui s'il s'agit de la langue que parle l'écrivain, non s'il s'agit de son style. Seulement, la distinction est souvent malaisée.

Lisons ces quelques phrases extraites d'un passage très connu du *Panégyrique de saint Bernard*. « La jeunesse téméraire et malavisée, qui présume toujours beaucoup à cause qu'elle a peu expérimenté, ne voyant point de difficultés dans les choses, c'est là que l'espérance est la plus véhémente et la plus hardie... Figurez-vous maintenant le jeune Bernard, nourri en homme de condition, qui avait la civilité comme naturelle, l'esprit poli par les belles lettres, la rencontre belle et aimable, l'humeur accommodante, les mœurs douces et agréables. Ah! que de puissants liens pour demeurer attaché à la terre!... Je sais que sa pieuse mère l'entretenait souvent du mépris du monde; mais disons la vérité : cet âge ordinairement indiscret n'est pas capable de ces bons conseils. Les avis de leurs compagnons et de leurs égaux, qui ne croient rien de si sage qu'eux, l'emportent par-dessus les parents. »

Dans ces phrases si belles avec leurs latinismes, leurs mots pleins de force étymologique, leur libre construction, tout sans doute est du temps, mais tout aussi révèle Bossuet et les caractères essentiels de son style et de son éloquence, au moins dans ses années de jeunesse. Voilà pourquoi, contrairement à de bons avis, je n'oserais pas, dans un grand nombre de cas, trop séparer la forme du fond, les mots et les tours de la pensée et du sentiment, dont ces mots et ces tours, chez les grands écrivains, traduisent précisément les moindres nuances.

A plus forte raison ne pouvons-nous isoler, séparer de l'explication du fond, soit certaines tournures hardies, soit certains mots techniques qui sont en eux-mêmes l'objet de la recherche de l'artiste, dans Ronsard, dans Chénier, dans La Bruyère. Et la remarque s'applique également aux noms propres, noms d'hommes ou noms géographiques : qu'il s'agisse d'une scène militaire dans Mouluc, d'une promenade de J.-J. Rousseau ou d'un récit épique de la *Légende des Siècles*, je veux savoir qui sont ceux que l'auteur met en scène et quels sont exactement les lieux où il situe son action. En d'autres termes, je veux comprendre, tout comprendre et tout voir vivre. C'est là le but — et c'est là aussi la limite de mon effort.

Car j'entends bien l'objection : vous voulez, dira-t-on, savoir trop de choses ou du moins trop de choses à la fois; tout s'embrouillera dans l'esprit de vos élèves. Je n'en crois rien, si nous ne perdons pas de vue le but précis de notre explication et si nos remarques, malgré leur diversité, y convergent toutes sensiblement. Ce but, c'est de pénétrer la pensée et le sentiment de l'écrivain : s'il m'est toujours présent à l'esprit, je dirai, ou plutôt je ferai en sorte que mes élèves me disent beaucoup de choses, mais j'en exclurai beaucoup aussi, qu'un élève zélé, s'il était abandonné à son inexpérience, ne manquerait pas de m'apporter.

Il est, dans La Fontaine, bien des mots populaires et campagnards qui sont intéressants en eux-mêmes, que La Fontaine a trouvés tels et dont la saveur l'a séduit, *reginglette, chape-chute, pincemaille*: il faut les relever, en expliquer la formation aussi bien que le sens.

Au contraire :

> On abattit un pin pour son antiquité,
> Vieux palais d'un hibou, triste et sombre retraite...

Que l'élève signale la petite plaisanterie : le « palais » d'un hibou, comme ailleurs le « palais » du jeune lapin, à la bonne heure; mais de l'étymologie de *palais*, des formes intermédiaires par lesquelles ce mot a passé, nous n'avons que faire en ce moment : tout à l'heure c'était le mot qui importait; ici c'est seulement l'emploi du mot.

Nous expliquons, avec des élèves, le poème de Chénier *L'Aveugle*, et nous arrivons à ces vers :

> O sage magnanime,
> Comment et d'où viens-tu? Car l'onde maritime
> Mugit de toutes parts sur nos bords orageux.
> — Des marchands de Cymé m'avaient pris avec eux.
> J'allais voir, m'éloignant des rives de Carie,
> Si la Grèce pour moi n'aurait point de patrie.

Je veux que, sans détails inutiles et en s'en tenant aux seuls points marqués par le poète, les élèves suivent ce voyage d'Homère, de l'Asie Mineure à la Grèce propre. Je veux qu'ils trouvent sur la côte la commerçante Cymé, qu'ils sachent où est la Carie, la réputation qu'en avaient les habitants et pourquoi le vieillard voulait s'en éloigner; je le veux, parce que, tout cela, Chénier l'a eu dans l'esprit, parce qu'en esprit il a réalisé ce voyage à l'époque homérique et les motifs de ce voyage. Mais quand j'ai reconstitué la vision de Chénier, j'ai fait tout ce que j'avais à faire, et, quoique ces noms propres me suggèrent peut-être bien d'autres idées, quoique, par exemple, nous n'ignorions plus, depuis le beau livre de M. Victor Bérard, ce que c'est nécessairement qu'une ville qui s'appelle Cymé, et pourquoi elle s'appelle ainsi, comme cette science des étymologies géographiques était probablement inconnue de Chénier, qu'elle n'importe en rien à sa conception artistique et à la restitution de sa pensée, je me garderai bien d'en parler, au moins en ce moment, ou d'en faire parler mes élèves.

Tout le monde connaît, dans le développement sur les deux infinis de Pascal, la phrase : « Nous avons beau enfler nos conceptions au delà des espaces imaginables, nous n'enfantons que des atomes au prix de la réalité des choses. C'est une sphère infinie dont le centre est partout, la circonférence nulle part ». D'où vient cette comparaison, si, comme Voltaire l'a reconnu, Pascal n'a fait que la recueillir et lui donner sa forme définitive ? L'élève zélé et inexpérimenté dont je parlais tout à l'heure ne manquerait pas de nous en exposer, d'après Ernest Havet, toute l'histoire, remontant de Pascal à Mlle de Gournay, de Mlle de Gournay à Rabelais, à Gerson, à saint Bonaventure et, en dernier lieu, à Empédocle. Et cette histoire d'un lieu commun peut être en elle-même très intéressante. Mais quoi ? contribue-t-elle ici à éclaircir la pensée propre de Pascal, qui est en ce moment le seul objet de mon explication ? Nullement. Ce qui m'importe, c'est uniquement de savoir si Pascal parle de lui-même ou s'il s'inspire de quelque texte, et, dans ce cas, quel est ce texte. Dès que je suis sûr de l'avoir trouvé, ma recherche a pris fin. Le reste est superflu et ne peut que me détourner de mon objet. Et il est si vrai que nous touchons là à une différence sensible entre nos procédés plus stricts et ceux de nos devanciers que, des deux éditions de Pascal les plus justement célèbres, l'une, la plus ancienne, suit le premier système, l'autre le second.

Ainsi, nous élaguons de notre explication tout ce qui n'est pas rigoureusement utile à notre dessein. — Par contre, nous voulons que ce dessein soit rempli tout entier.

Je me souviens d'anciennes éditions du *Discours sur l'Histoire universelle*, d'ailleurs bonnes dans leur genre, où toutes les particularités de la langue de Bossuet étaient relevées, toutes les beautés de son style signalées à l'admiration. Et, puisque en effet Bossuet est un très grand écrivain, rien de plus légitime que cette étude et ce commentaire : mais vraiment nous ne pouvons plus concevoir qu'on s'y borne. Ce *Discours*, c'est, dans ses chapitres les plus vivants (les derniers de la seconde partie), toute la foi de Bossuet, c'est l'affirmation de sa croyance, qu'il défend contre ses anciens et contre ses nouveaux adversaires, contre les protestants et contre les exégètes ; et l'on peut bien ne pas expliquer un tel texte ; mais, si on le veut expliquer, c'est en acceptant le dessein de Bossuet qu'il faut le faire, en prenant son livre comme il voudrait que nous le prissions, non comme une œuvre d'art, mais comme un livre de doctrine, et ce n'est pas dans la grammaire historique seulement, c'est dans l'*Histoire des Variations*, dans la polémique contre Richard Simon, dans les œuvres mêmes de Richard Simon et des controversistes protestants qu'il faudra chercher les éléments de notre commentaire. Et c'est bien ainsi que l'entend telle édition des *Œuvres diverses* de Bossuet [1], qui, celle-là, est vraiment animée de l'esprit d'aujourd'hui ; je suis très loin de vouloir dire par là, on le comprend, un esprit de contention à l'égard de Bossuet ; non, je parle de l'esprit dans lequel il convient d'aborder l'étude positive des textes de ce genre. Ce que nous disons de Bossuet nous le dirions de Pascal, et avec plus d'émotion peut-être. Qu'on se souvienne de la page vibrante, insérée dans une édition scolaire [2], où Brunetière, avec toute la vigueur de son esprit et toute l'ardenr de son âme, dégageait, en le dépouillant de la forme théologique qui l'enveloppe, ce qui lui semblait être le fond même, l'essentiel des *Pensées* et des *Provinciales*, cette doctrine de l'effort sur nous-mêmes, contre nous-mêmes, qu'il comparaît, pour la faire mieux comprendre, à l'enseignement de quelques-uns des plus grands penseurs du XIXe siècle. Et nous le dirions encore, et non

[1] Bossuet, *Extraits des Œuvres diverses*, publiés par Gustave Lanson (Paris, Delagrave, 1899).

[2] Pascal, *Provinciales*, I, IV, XIII et *Extraits*, publiés par Ferdinand Brunetière (Paris, Hachette, 1896).

moins fortement, des œuvres de nos grands écrivains du XVIIIe siècle, dont nous citerions, dans ces quinze dernières années, des éditions scolaires admirables, tant elles contiennent non seulement de remarques philologiques ou littéraires, mais d'éclaircissements sur les choses.

Nos éditions modernes, et si je les cite si souvent, c'est qu'elles révèlent en somme le même esprit que nos explications, ont initié encore nos élèves à un dernier ordre de recherches, dont il faut que je dise un mot. Elles leur ont appris à pénétrer jusque dans le travail d'un grand écrivain, en leur montrant comment il se corrige lui-même d'une rédaction à une autre, d'une édition à une autre, ou en rapprochant ses pensées ou ses inventions de celles des devanciers dont il s'est inspiré. Une grande discrétion est ici nécessaire. Le professeur d'enseignement secondaire n'a pas, comme le professeur d'enseignement supérieur, à établir avec ses élèves une édition critique. Il n'a même pas, à beaucoup près, à utiliser tous les renseignements que lui fournissent les éditions critiques; mais qu'il s'empare de tous ceux, variantes ou indications de sources, qui peuvent servir à son dessein essentiel et toujours le même.

> Pour plaire à votre épouse, il vous faudrait peut-être
> Prodiguer les doux noms de parjure et de traître.
> Votre grand cœur sans doute attend après mes pleurs
> Pour aller dans ses bras jouir de mes douleurs?
> Chargé de tant d'honneur, il veut qu'on le renvoie.

Voilà ce que Racine écrit lorsqu'il donne *Andromaque;* et tout le monde sait par cœur les vers qu'il y substitue dans l'édition définitive de sa tragédie:

> Vous veniez de mon front observer la pâleur,
> Pour aller dans ses bras rire de ma douleur.
> Pleurante après son char vous voulez qu'on me voie.

Trois vers comparés avec trois vers feront sentir à des

élèves, mieux que toutes les indications générales, le prix des efforts de Racine vers la perfection et ce qu'on veut dire quand on parle de la poésie et de l'exactitude merveilleuses de son style.

Et de même, mettons sous leurs yeux, à côté d'une fable de La Fontaine, le court récit d'Esope ou d'Abstémius que lui fournissait son Nevelet, ou le conte enchevêtré qu'il lisait dans le *Livre des Lumières*, et ce sera, sur l'originalité de La Fontaine, la meilleure leçon que nous puissions leur offrir, la plus probante, la seule probante.

C'est là, dira-t-on, le procédé du « rapprochement », qui fut si cher à l'ancienne pédagogie littéraire comme à l'ancienne critique. Soit, mais nous l'employons avec plus de rigueur, je crois, que les professeurs d'autrefois. Nous négligeons tout rapprochement qui n'est qu'ingénieux et arbitraire, et nous ne retenons que ceux qui se justifient par une filiation certaine ou probable. Ceux-là ne nous permettent pas seulement de mieux saisir en son détail l'art d'un du Bellay ou d'un Chénier, de dégager plus sûrement l'originalité d'un Corneille, d'un Pascal, d'un Molière, d'un Rousseau, d'un Hugo; c'est parfois toute une époque de l'histoire littéraire, la Renaissance, le temps de Louis XIII, le XVIIIe siècle, le Romantisme, dont de telles rencontres, mieux que nos affirmations ou celles de leurs manuels, révèlent aux yeux de nos élèves les goûts dominants, les tendances et la complaisance à se laisser séduire par telle ou telle influence étrangère.

. . .

Je n'ai certes pas, Messieurs, à beaucoup près, la prétention d'avoir tout dit sur les procédés de l'explication française dans nos classes du premier et du second cycle; j'en ai dit assez cependant, d'accord avec les juges de tous les examens universitaires, qui tous font entendre les mêmes plaintes et les mêmes vœux, d'accord, je le crois sincèrement, avec l'esprit de notre temps, dont les exigences sont pareilles dans tous les domaines, j'en ai dit assez pour faire voir que l'explication d'un texte n'est pas une dissertation historique ou critique, encore moins une causerie à propos d'un texte, qu'elle se propose un objet précis et qu'elle l'atteint par une méthode positive. L'emploi de cette méthode n'a pour effet, si je ne me trompe, de compromettre ni le sentiment littéraire ni le sens, précieux en lui-même, des vérités générales; et comme notre explication n'est pas une pure explication des mots et des formes, comme, plus même que l'art de nos écrivains, ce qu'elle veut pénétrer, à travers les mots et les formes, c'est leur pensée, et qu'elle ne saurait nous contenter si elle ne va pas jusque-là, elle ne saurait non plus compromettre le profit moral qu'on a toujours attendu pour les jeunes gens d'un commerce prolongé avec les écrits de ces grands hommes. Mais il est certainement une vertu de l'esprit que l'emploi de cette méthode assurera pour jamais à ceux que nous y aurons formés : c'est cet impérieux besoin d'exactitude qu'il faut appeler, de son vrai nom, la probité intellectuelle.

DE LA PART À FAIRE
À L'HISTOIRE LITTÉRAIRE AU LYCÉE,

PAR M. J. BEZARD

PROFESSEUR AU LYCÉE HOCHE À VERSAILLES.

L'Histoire littéraire est peut-être, parmi les exercices dont nous examinons ici l'utilité, celui qui nous a vus passer par les avis les plus divers. Tout le monde, depuis trente ans, s'accorde à la déclarer nécessaire, en principe; il est bien certain qu'il faut mettre de l'ordre et de la suite dans les connaissances, rattacher les faits aux causes, replacer les hommes dans leur milieu, les œuvres dans la série de celles qui les ont immédiatement précédées ou suivies; bref, nous reconnaissons tous que, si l'étude des textes originaux doit être le but essentiel de notre enseignement littéraire, il est bon de les relier entre eux par des analyses, des tableaux chronologiques et des lectures complémentaires. Mais les choses, dans la pratique, n'ont pas toujours paru si simples. Les professeurs de ma génération, qui ont à peine parcouru la moitié de leur carrière, sont déjà passés, sur le choix des moyens, par des opinions à peu près contradictoires, et nous brûlons, ou peu s'en faut, depuis 1902, ce que nous avions adoré, en 1890, dans notre ferveur de jeunes débutants. Les méthodes qui nous ravissaient alors nous apparaissent aujourd'hui comme singulièrement démodées, et nous ne savons trop, parfois, si celles qui semblent devoir les remplacer désormais n'éveilleront pas à leur tour le sourire de nos successeurs. C'est qu'il en est, probablement, des méthodes, pour les professeurs, comme des remèdes, pour les médecins : il faut savoir les renouveler; il faut les adapter (nous l'avons assez dit, depuis quelques semaines) aux besoins changeants de la « clientèle »; il faut en user... « pendant qu'elles guérissent ».

Aussi bien, il est honnête, il est juste de reconnaître que, depuis quelque vingt ans, des progrès très sérieux ont été réalisés. S'il est évident qu'il nous reste, comme toujours, beaucoup à faire, nous ne nous présentons pas, loin de là, les mains vides et l'esprit désorienté; et nous allons, sans présomption, mais sans la moindre fausse honte, dire par quels *procédés,* et en vue de quels *résultats* nous espérons bien développer l'enseignement de l'histoire littéraire.

I. *Les Procédés.*

Le choix des *moyens* que nous devons employer nous est laissé, par le plan d'études de 1902, dans la plus large mesure; et il faut reconnaître que ce programme, par son esprit à la fois libéral et pratique, est doublement supérieur à ceux qui l'avaient précédé. Que nous dit-il, en effet? « Vous veillerez à ce que les connaissances des élèves soient assez étendues : *ils seront habitués à faire des lectures complémentaires qui seront contrôlées en classe* » (p. 79, 103, 130 et 134). — « Vous tâcherez de relier entre eux leurs souvenirs forcément épars : *vous procéderez à des interrogations destinées à faire connaître les principaux écrivains français, du moyen âge et du* XVIe *siècle en seconde, du* XVIIe*, du* XVIIIe *et du* XIXe *siècle en première* » (p. 103, 131, 134 et 154). Il ajoute encore, pages 80 et 86 : « *Vous mettrez entre les mains des élèves, à partir de la troisième, un précis d'Histoire de la littérature française.* » Mais ce troisième article ne semble pas avoir eu, dans la pensée du législateur, la même importance que les autres, et c'est sur les deux premiers que nous nous appuierons de préférence. Une seule forme est exclue, le « cours », par omission dans le programme, de la manière la plus expresse dans les instructions ministérielles qui, par deux fois, l'ont complété, et l'insistance avec laquelle cette recommandation nous est faite répond trop à nos préférences personnelles pour qu'elle ne soit pas comprise et suivie.

Considérons, en effet, pour mieux voir les défauts qu'il convient d'éviter, le moyen « qui ne guérit plus », je veux parler du fameux *cours* qui fut l'objet de tant de controverses, dès le lendemain de sa naissance. Certes, il répondait à d'excellentes intentions, et il avait au moins pour lui un argument considérable : il plaisait beaucoup aux élèves. Je me rappelle que vers le milieu de 1891, je demandais à ma classe (à ma première classe !) de seconde quel était le genre d'enseignement qui l'avait le plus intéressée : « La géographie », s'écria-t-on d'abord tout d'une voix. — « Et ensuite ? ». Des voix moins nombreuses, mais encore en majorité, répondirent : « L'histoire littéraire. » — « Et après ? » Un silence que je n'osai pas troubler m'éclaira sur l'intérêt qu'offrait alors pour ces jeunes esprits le reste de nos occupations journalières. Leur sincérité était hors de doute, et ce jugement si spontané me parut digne d'être retenu. Ce qu'ils avaient reconnu, en effet, dans les disciplines de leur choix, ce qu'ils avaient senti, sans bien se le définir, dans la géographie, telle que l'exposaient les premiers élèves de M. Vidal de la Blache, ou dans l'histoire littéraire, telle que tâchaient de l'entrevoir les premiers élèves de Brunetière, c'était une forme encore imparfaite, mais solide, un peu vague, mais séduisante, de l'*esprit philosophique.* Aussi tout n'était-il pas à blâmer, loin de là, dans l'ardeur de cette jeunesse guidée par d'autres jeunesses à peine plus âgées qu'elle. Nos adversaires les plus équitables le reconnaissaient en toute loyauté. « La méthode philosophique, écrivait M. Vial, le 15 décembre 1894, dans la *Revue Universitaire*, est actuellement en faveur. Elle se propose non pas tant d'étudier les œuvres littéraires elles-mêmes que de dégager les lois immuables qui les régissent. La connaissance des œuvres n'est pas ici le terme de l'effort;

elle n'est que le point de départ d'un travail de comparaison et de généralisation qui doit aboutir à une classification finale. Se détacher peu à peu des textes, autant qu'on peut le faire sans danger, pour s'élever à des formules générales..., définir, classer, voilà le fond même de la méthode philosophique. » Et nous ne trouvions pas cela si ridicule! Mais M. Vial (c'était son droit!) critiquait aussitôt la forme fâcheuse qu'avait donnée le programme de 1890 à cette excellente méthode. « Protégée en haut lieu par d'éloquents et puissants patrons (c'était en 1894), elle s'est, continuait-il, depuis quelques années, poussée dans le monde; elle a conquis jusqu'à cette chose légère qu'on appelle la mode... » Je vous l'ai rappelé, nos classes ne juraient que par l'histoire littéraire. Et notre spirituel critique, avec un courage pas très banal en France, ne craignait pas de rompre ouvertement avec « la mode ». Il nous déclarait sans ambages que, sous la forme de « cours » en trente leçons, « notre méthode était mauvaise, dangereuse, qu'elle donnait des résultats déplorables ». D'autres champions, du reste, et non des moindres, entraient en lice un peu avant ou après lui. M. Lanson, encore professeur de rhétorique, signalait le fâcheux cours « comme quelque chose de désastreux, comme la plaie de l'enseignement secondaire » (1). « Formules creuses, généralités vagues », étaient les moindres reproches adressés, non sans raison, à notre imprudente éloquence; et le plus indulgent dans la forme, mon ami M. Pichon, nous donnait le coup de grâce, avec un sourire, en déclarant que, tout bien considéré, le meilleur moyen d'« améliorer » notre cours serait encore d'en supprimer le plan, les divisions, et, d'une manière générale, tout ce qui faisait de lui un « cours » proprement dit...

Vous avez vaincu, Messieurs! Le cours qui fit la joie de nos heureux débuts a succombé sous vos coups, en 1902, après une résistance égale en durée à celle de la guerre de

(1) *Revue Universitaire*, 15 octobre 1893 (p. 265), 15 juillet 1895.

Troie; et ce n'est pas moi qui songerai jamais à relever ailleurs, nouveau fils d'Anchise, des ruines qu'il est bon de laisser périr. Je souscris même volontiers aux paroles élevées, décisives, dans lesquelles M. Bernès prononçait, en 1902, à l'École des Hautes Études sociales, l'oraison funèbre de cette méthode, sinon morte alors, au moins moribonde. Il signalait une dernière forme de nos procédés regrettables, transplantée (qui l'eût cru!) dans la République Argentine, au moment où nous étions sur le point d'y renoncer, et il la jugeait en ces termes : « Vous découvrirez aisément, dans ce système pédagogique, la marque de cette métaphysique abstraite à déguisement historique, ce tour d'esprit hégélien familier aux lecteurs de Renan et de Taine..., dont l'influence, dominante et directrice au cours du siècle dernier, n'est sans doute pas destinée à le rester au même degré dans l'avenir. » Et il rappelait la double conséquence de ce système appliqué à l'enseignement secondaire, « l'inoculation de deux maladies dont l'enseignement supérieur et la science historique ont eu bien de la peine à se guérir : la généralité vague et la prétendue philosophie de l'histoire »[1].

Nous voilà donc bien avertis, et cela non seulement par les programmes, par les instructions, mais par ceux-là mêmes d'entre nous qui ont eu le mérite de soutenir la doctrine aujourd'hui régnante, alors qu'elle était « dans l'opposition ». Malheureusement, s'il est assez commode de définir... et de blâmer une expérience aujourd'hui terminée, il est beaucoup plus difficile de dire les caractères essentiels de la méthode naissante. Pour une première raison, d'abord, c'est qu'elle dépend un peu, comme tout procédé nouveau, du tempérament, des préférences, des idées de chaque professeur, et qu'il faudrait avoir le don d'ubiquité, complété par l'indiscrétion professionnelle d'un reporter, pour re-

[1] *L'Enseignement secondaire*, 15 janvier 1903.

cueillir quelques centaines d'opinions avant de se prononcer... Ce vaste referendum m'ayant paru peu pratique, j'ai tâché d'y suppléer par des moyens moins tapageurs; j'ai interrogé des amis, appartenant à divers lycées; j'ai tâché de lire entre les lignes dans les articles de revues... Malgré tout, je serai bien obligé de vous parler presque toujours de l'expérience que je connais le mieux (la seule à vrai dire que chacun connaisse), de la mienne... Et vous voyez mon embarras. Démosthène disait au peuple qu'il jouait un vilain rôle, en face d'Eschine, parce qu'il était obligé de se louer lui-même. Je n'aurai pas l'outrecuidance de me louer, mais je vais être obligé de vous parler souvent de ma classe, et, si je ne suis pas Démosthène, je crains d'être M. Josse, orfèvre, en train de vanter sa marchandise. Il faut donc que je commence par vous présenter mes excuses et vous demander votre indulgence. — Mais ce n'est pas le seul danger qui me fasse réfléchir, et j'ai d'autres indulgences, aussi, à solliciter. Ma route est semée d'écueils : je crains fort d'être constamment entre Charybde et Scylla. Charybde, ce sont les difficultés qui tiennent à l'expérience elle-même, et dont je viens de vous laisser entrevoir les douces perspectives. Scylla (car quoiqu'on le prétende disparu dans le tremblement de terre de Messine, il subsiste encore, pour moi seul), Scylla, ce sont les conditions difficiles, très difficiles, dans lesquelles elle est tentée. Scylla, c'est... (doit-on le dire ?)... c'est l'horaire !... Et vous comprenez immédiatement que, s'il me faut observer à l'égard de mon auditoire un tact tout élémentaire, j'éprouve les mêmes sentiments vis-à-vis de ceux qui, sans réserves, sans restrictions d'aucune sorte, mais aussi en toute confiance, ne comptant pas moins sur ma prudence que sur ma sincérité, m'ont fait aujourd'hui l'honneur de me donner la parole.

. . . .

Allégé par ce double aveu, et sûr que du haut des falaises des regards amicaux, des gestes sympathiques encourageront de loin le nageur en péril, je me décide à me jeter à l'eau! J'y suis enfin! Aidez-moi!

Les *procédés* dont j'ai entendu parler autour de moi, et que je pratique tant bien que mal, reposent sur un principe qui nous est commun à tous et que nous avons puisé dans le programme de 1902. Puisque nous ne devons plus faire une place à part à l'histoire littéraire, il reste à la tirer des exercices mêmes de la classe; il reste à découvrir dans l'explication même des auteurs, dans la préparation des devoirs, le moyen de les rattacher à quelques idées générales, de faire qu'ils ne restent pas des exercices isolés, qu'ils se succèdent suivant un plan et mènent à un but clairement défini dès le premier jour de l'année. Autrement dit, l'histoire littéraire se confond avec notre méthode générale d'enseignement du français; elle en est simplement l'idée directrice; elle en est le *principe d'unité*.

Il s'agit d'abord, en indiquant le texte d'explication ou le devoir, de montrer aux élèves la place qu'il occupe dans la série totale, les rapports qu'il présente avec ceux qui le précèdent et qui le suivent, bref, son rôle dans notre travail et sa date dans l'histoire. Or l'expérience nous apprend qu'il faut apporter à ces conseils préliminaires une grande précision, beaucoup de soin... et pas mal de temps. Il faut qu'en classe, de notre chaire, nous dirigions à l'avance les lectures et les réflexions de l'étude, il faut que l'enseignement de l'histoire littéraire soit uniquement une forme de la direction du travail. De là l'idée très simple qui est venue à un certain nombre de professeurs de dicter, chaque fois, pour les explications, des *sommaires*, et pour les devoirs des *conseils* assez détaillés. Certains d'entre nous, plus discrets, préfèrent se borner à quelques lignes; d'autres, vers lesquels m'inclinent mes préférences, n'hésitent pas à se livrer en classe, la plume à la main, à de véritables causeries écrites, dont l'essentiel reste fixé, à la fois sur le cahier du maître et sur ceux des élèves... J'ai même vu, à ce propos, avec satisfaction, que je n'avais pas, décidément, le caractère de M. Josse. Vous vous figurez la grimace de cet honorable industriel si on venait lui annoncer que ses modèles les plus appréciés, les plus chers (dans tous les sens!), viennent d'être mis en vente, au même prix, dans un autre magasin... Eh bien, cette aventure m'est arrivée tout récemment, au mois d'octobre, et je n'ai pas fait la grimace, et j'ai même été enchanté! Un de nos collègues, M. Adrian, professeur de première au lycée de Charleville, a publié dans notre revue, l'*Enseignement secondaire*, un système exactement semblable au mien. Curieuse rencontre! Non seulement sur la nécessité des sommaires, mais sur la forme qu'il fallait leur donner, sur la manière de les grouper, sur tout enfin (sauf sur un point dont je parlerai tout à l'heure) l'accord était extraordinaire. Comme nous n'avons pas le plaisir de nous connaître, il faut bien conclure de cette coïncidence que nos idées « sont dans l'air », et en faire remonter l'origine à la source commune dont nous nous sommes inspirés, c'est-à-dire aux courtes, mais substantielles instructions de 1902. Belle leçon de prudence et de modestie pour ceux qui se figurent parfois découvrir seuls l'Amérique! Grande satisfaction, en revanche, pour ceux qui, sans être poltrons, se montrent d'autant plus braves qu'ils sentent plus de monde avec eux. Ah! dites-moi bien vite, dès le début de la prochaine discussion, que mes idées sont banales, que mes *sommaires* courent les rues, que la direction du travail (ce que je soupçonne fortement) existe déjà un peu partout... Et ma bravoure ne connaîtra plus de bornes.

Mais le *sommaire* ne suffit pas. En vain nos élèves auront noté les lectures à faire avec la date du texte, le numéro des pages les plus intéressantes et les idées qu'ils doivent trouver à tel endroit des livres. Comme nous ne pouvons pas exiger des familles qu'elles achètent (et ce ne serait qu'un minimum) tous les auteurs du programme, la *Bibliothèque de classe* devient pour nous un indispensable instrument de travail; la distribution des livres est notre second procédé. Quand on pense qu'il y a vingt ans, personne ne songeait à cette institution, et que dans beaucoup de classes, aujourd'hui, avec des cotisations modestes, absolument volontaires, le système fonctionne comme s'il avait toujours existé, on ne peut pas refuser d'y voir une création nécessaire, fondée sur un besoin essentiel de l'enseignement nouveau. Il suffit, pour s'en rendre compte, d'assister à la distribution des livres, au moment où le professeur réclame ceux qui doivent rentrer et en propose de nouveaux. Le joli, l'amusant spectacle, et bien imprévu naguère! Véritable signe des temps. Je n'ai pas besoin de le décrire, puisqu'il est devenu banal. Et pourtant, si un inspecteur, si un père de famille, nous demandait à quel instant il pourrait le mieux saisir l'« esprit » de notre enseignement, c'est peut-être bien celui-là, certains bons jours, que je choisirais. Enthousiasme, indifférence, répugnance même des élèves, tout nous est bon pour faire valoir notre modeste trésor. Quinze mains se lèvent-elles pour réclamer l'*Ancien Régime* de Taine, le *Voltaire* de M. Lanson, ou l'inévitable *Cyrano* de Rostand, l'heureux élu se montre d'autant plus satisfait que les autres font la grimace. Un silence gêné accueille-t-il les *Œuvres en prose* de Boileau, les *Lettres* du XVIIIe siècle ou les *Extraits* de Diderot? Nous n'hésitons pas à plaider la cause de ces chefs-d'œuvre méconnus. Notre verve n'est pas toujours très relevée, très scrupuleuse sur le choix des plaisanteries; mais enfin, elle réussit; il est bien rare qu'on ne nous fasse pas crédit de quelque confiance, que le volume, une fois lancé, ne soit coté, sinon comme un « chic bouquin », au moins comme un livre « utile pour l'examen »: il ne rentrera pas, avant plusieurs mois, dans la bibliothèque. Boileau même, Boileau sera redemandé! Humbles combats, obscures victoires, mais combats nécessaires et victoires fécondes. Victoires sur l'indifférence, victoires sur la légèreté, victoires sur la concurrence des lectures niaises ou des mauvaises lectures... Les élèves en comprennent si bien l'importance que l'ordre n'est jamais troublé, que les plus grands accès de gaîté (Dieu sait s'ils sont fréquents!) n'inquiètent pas M. le Censeur, et que notre autorité ne sort jamais diminuée de ces utiles enchères. Tous devinent la haute pensée qui nous engage à nous faire l'avocat, j'allais presque dire le commissaire-priseur de nos vieux classiques. Et, comme ces femmes du monde qui tendent la main pour leurs œuvres, nous relevons, par notre amour des belles choses que nous vantons, l'humilité de notre geste.

. . . . .

Encore faut-il que nos *sommaires* et nos *plaidoyers* portent fruit, que notre voix ne reste pas « celle qui crie dans le désert ». Ici intervient la troisième pièce de notre petit arsenal, celle que les élèves, à leur tour, doivent forger en étude ou dans leur cabinet de travail, d'abord maladroitement, puis avec une adresse de plus en plus grande. Je veux parler des *notes prises sur feuilles volantes* et *méthodiquement classées.*

Remarquez, que nous disons « feuilles volantes »... Autant le cahier est nécessaire pour les sommaires, autant le carton, avec sa provision de fiches toujours modifiables, est la forme qui s'impose pour les notes personnelles. Le cahier de sommaires représente la règle; il est la voix du maître, il impose un ordre; il est rigide, autoritaire, immuable. Le carton de notes représente la libre initiative; il est la preuve des réflexions et du travail de l'élève, il est souple, changeant, ondoyant et divers; il se prête aux mille progrès d'un esprit curieux, inexpérimenté; il est toujours en mouvement. « Mais, disait-on encore il y a quelques années, c'est de la folie, de la folie pure! Demander à des élèves de conserver des feuilles volantes! Ils les saliront, ils les perdront; votre carton ne sera bientôt qu'un réceptacle de loques sans nom... » A cette objection fréquente, je ne puis qu'opposer l'expérience de ceux qui ont osé traiter, sur ce point, les adolescents comme des hommes, et les ont toujours vus, même les plus médiocres, prendre leurs notes avec goût, les conserver avec soin. Il n'y a rien qu'on obtienne plus facilement d'eux que cet ordre matériel; ceux mêmes qui reculent devant un effort prolongé de mémoire ou de réflexion montrent de la persévérance quand il s'agit simplement de tenir à jour ces collections... Si, aujourd'hui, malheureusement, leurs cartons contiennent peu de feuilles, ce n'est pas leur faute, vous le savez. Ils ont si peu de temps à nous consacrer! Mais j'ai vu, de 1890 à 1900, j'ai conservé longtemps des recueils qui étaient des modèles d'ordre et de clarté; leurs auteurs, qui ont bien réussi depuis, dans des voies très différentes, font remonter à la date où ils les ont composés le moment où ils ont pris, grâce à l'enseignement littéraire, les habitudes de travail qu'ils ont conservées ensuite, chacun dans son métier.

Une autre objection, plus plausible, est celle que Brunetière lui-même nous avait signalée, lorsqu'il nous recommandait cette méthode... la méthode! C'est que cette louable habitude peut assez aisément devenir un travers, et qu'il faut bien mettre en garde les élèves contre un excès dangereux. « Finis sit colligendi notulas », disaient souvent nos vieux maîtres. Il ne faut pas accumuler trop de notes. Il ne faut les prendre, ni trop menues, ni trop nombreuses. Il ne faut pas substituer à la mémoire vivante une mémoire de papier. Mais quelle est la méthode dont les inconvénients ne doivent être corrigés par le tact délicat des hommes? Et quel est le procédé qui n'emprunte la plus grande partie de sa valeur à l'habileté, à la prudence, à la modération des maîtres, aux qualités précisément que les critiques ordinaires de l'Université veulent bien, dans leurs meilleurs jours, consentir à nous reconnaître?

Tels sont, dans leur simplicité, nos trois instruments de travail : *le cahier de sommaires, la bibliothèque, le carton de notes*. Voilà nos élèves munis. Comment vont-ils les utiliser?

C'est ici, qu'après avoir à peu près jusqu'ici (je le crois, du moins, puisque je flotte encore) évité le tourbillon de Charybde, je risque de me briser contre le roc de Scylla... Car enfin, je le sens bien, depuis que j'ai quitté le rivage, vos regards se dirigent vers sa silhouette inquiétante... Vous vous dites : « Ce système, comme d'autres analogues, créés pour répondre aux désirs du programme, peut être excellent, très viable, très flottable, dans un large estuaire... Mais comment allez-vous le diriger dans l'étroit passage ménagé par l'horaire ? Comment accordez-vous ces petites occupations avec la nécessité de faire deux explications par semaine, de réciter les leçons et de corriger les devoirs ? Où prenez-vous le temps de faire tout cela ? » Hélas! il faut bien vous l'avouer, puisque vous le savez, les heures, les trois heures fatales ne sont pas plus longues sous le méridien de Versailles que sous celui de Paris, et j'éprouve (vous vous en doutez) les mêmes difficultés que vous. Nous sommes tous logés à la même enseigne. La contradiction est grande (il serait puéril de le dissimuler) entre ce que nous voudrions faire, tous, par des moyens plus ou moins semblables, et ce que nous réalisons. Nous sommes absolument « au rouet ».

J'ai bien pensé, un instant (et je ne suis pas le seul à y avoir pensé), à une solution bâtarde qui, tout au moins pour les *sommaires,* pièce capitale du système, permettrait de les adapter tant bien que mal à l'horaire actuel : c'eût été de les autographier. Mais je n'ai pas tardé à reconnaître que cet expédient serait le plus sûr moyen de tuer dans l'œuf notre entreprise; c'est même, comme toutes les demi-mesures, le plus grand danger qu'elle ait à redouter. Je ne parle pas de la peine que donnerait au professeur ou à ses meilleurs élèves ce travail de manœuvre; encore qu'un pareil argument ait son prix, et que l'intérêt bien entendu de toute réforme soit de ne pas ennuyer les hommes chargés de l'appliquer. Mais, surtout, le sommaire autocopié, quelle qu'en fût la couleur, resterait toujours quelque chose de muet, d'impersonnel, qui ne rappellerait rien aux élèves, quelque chose de plus froid que le livre lui-même. Il faut que chaque élève ait son cahier à lui, où il aura mis dans l'arrangement des choses un peu de son propre goût, de ses petites réflexions, de sa personnalité. Le maître, de son côté, ne « dicte » pas, ne peut pas « dicter », au pied de la lettre, son sommaire ; il s'arrête sur un mot, anime toute une phrase d'une réflexion, d'une anecdote, d'une plaisanterie qui la fixent dans les mémoires. Il change, même, *in extremis,* son projet toujours perfectible. Il pense devant les élèves; il écrit avec eux; il travaille avec eux; tout à l'heure, en relisant ces lignes qu'ils ont tracées en même temps que lui, les élèves croiront, dans le silence de l'étude ou de leur cabinet, entendre la voix de leur maître... Et c'est cette aimable collaboration, c'est cette action incomparable d'une intelligence vivante sur l'esprit attentif d'une classe que nous remplacerions par un autocopiste ? Non, non, quoi qu'on fasse, et rêvât-on d'inventer la plus merveilleuse des machines, Edison sourirait lui-même si nous lui parlions de faire passer dans un papier muet et décoloré l'âme ardente d'un professeur.

Nous voilà donc toujours ramenés au pied du mur. De quelque manière qu'on s'y prenne, du moment qu'on veut faire une place, dans la classe, à la direction du travail, du moment qu'on prend au sérieux les deux articles si libéraux du programme, desquels nous sommes partis, on est acculé à la nécessité de demander une quatrième heure. Croyez bien que, si je suis amené à parler ainsi, ce n'est pas pour le plaisir de réclamer des changements; c'est que j'y suis logiquement forcé; je suis au cœur de mon sujet; et plus je retourne la question, plus le sort de l'histoire littéraire m'apparaît nécessairement lié à une augmentation d'une heure par semaine[1]... Il semble bien, en effet, si nous essayons de pénétrer avec sympathie, avec intelligence, la pensée du

[1] *Une seule heure,* et pas davantage. Ce chiffre de 4 heures est un *maximum* en même temps qu'un *minimum.* Il est la limite normale vers

législateur, qu'il ait inscrit ces articles sur la lecture des auteurs plutôt comme des pierres d'attente, comme une invitation pour les professeurs à tenter quelques expériences, que comme des ordres impératifs immédiatement exécutables. Certes, il y attachait la plus grande importance, puisqu'il les a inscrits, l'un ou l'autre, à *huit* endroits du Plan d'études; mais il est probable qu'en adoptant la division ternaire, il n'a pensé qu'aux exercices alors existant, deux *explications* par semaine, et *un devoir* hebdomadaire à matière très courte, ou sans matière, supposant très peu de lectures. On s'explique assez qu'en présence des grosses difficultés de la première exécution, il nous ait réduits provisoirement à trois heures, quitte à nous en donner quatre un peu plus tard, si nous savions les mériter.

Or, suivant ses prévisions, nous avons travaillé depuis 1902 ! Nous essayons de créer, sous la pression de la réforme, en tâchant de la bien comprendre, en nous inspirant de son esprit, une chose à laquelle on ne pensait guère auparavant; nous entrevoyons déjà d'une manière assez nette, en indiquant des lectures, en donnant des conseils écrits, en distribuant les livres, en examinant les notes, *la direction du travail.* Autant l'histoire littéraire, sous la forme à la fois ambitieuse et imparfaite que lui avait prêtée le programme de 1890, nous avait fait de mal et nous en fait encore par son fâcheux renom, autant, sous la forme pratique et modeste qu'elle prend depuis 1902, nous croyons y voir le moyen de mettre de l'ordre, de la suite et de l'unité dans le travail. Les auteurs de la réforme ne pourront voir qu'avec plaisir le succès d'une de leurs pensées, et ils ne nous refuseront pas, si vraiment la direction du travail mérite l'heure qu'elle réclame, de la lui donner dans l'avenir. Mais c'est ce qu'eux-mêmes ne pourront savoir que si, après avoir exposé *nos*

laquelle nous tendons, et qu'il faut atteindre sans la dépasser. Au delà, ce sont des études, et non des classes, qui seront nécessaires aux élèves pour lire, réfléchir, prendre des notes, écrire, bref, pour profiter de nos conseils.

procédés, nous indiquons, suivant l'usage, *la manière de s'en servir*. Permettez-moi donc de passer de la première moitié à la seconde, et de montrer comment, au milieu de difficultés sans nombre, nous essayons de relier à des *idées générales* l'étude précise, documentaire, des *textes originaux*.

II. *L'application des procédés.*

Notre premier soin, au début de l'année, est de choisir les *lieux communs*, les grandes idées générales autour desquels nous grouperons les explications et les devoirs. Le choix en est assez vite fait, car telle est l'ampleur de chacun qu'il n'en faut pas plus de trois ou quatre pour nous permettre d'étudier les caractères essentiels de la littérature française. Une idée pour la Renaissance, une idée pour le XVIIe siècle, une idée pour la philosophie du XVIIIe siècle, une pour le Romantisme, et une conclusion sur le Réalisme après 1850; voilà tracé le plan très simple de nos études en première. « C'est ainsi que siècle par siècle, dit M. Adrian, sans s'astreindre d'ailleurs à un ordre rigoureusement chronologique, des élèves bien entraînés peuvent avoir été invités, par l'action combinée de leurs lectures, de leurs explications, de leurs questionnaires, de leurs devoirs, à réfléchir aux principales questions humaines qu'ont posées et qu'ont essayé de résoudre les plus grands auteurs, depuis Corneille jusqu'à Victor Hugo et à Michelet. » Vous le voyez, sans nous être entendus (puisque, de mon côté, j'avais arrêté mon plan dès le mois d'août), et sans être probablement, pour cela, de « grands esprits », nous nous étions « rencontrés », M. Adrian et moi, dans l'application comme dans le principe. Nul doute que, si la revue de M. Bernès vous ouvrait demain ses colonnes, nous assisterions à de nouvelles rencontres. Et cette multiplication n'aurait rien de miraculeux. Elle prouverait simplement que l'enseignement littéraire ne peut puiser quelque force que dans les idées générales : supprimées (avec raison) sous forme de cours, il faut qu'elles reparaissent ailleurs, et c'est autour d'elles, qu'instinctivement, fatalement, à Charleville, à Versailles, à Paris, et partout, viennent plus ou moins se grouper les exercices de la classe.

Pour m'en tenir à celles que nous avons examinées depuis le 1er octobre, voici les *trois* lieux communs sur lesquels, jusqu'ici, nous nous sommes appuyés. Le premier, auquel ont été rattachées les huit classes du début, est une *définition de la Science,* au commencement du XVIIe siècle. Ce choix m'était imposé par des circonstances un peu particulières, et parce que je me trouvais chargé des divisions C et D. Mais rien n'empêcherait de s'y arrêter également, avec quelques précautions, dans les divisions A et B. Tel est, en effet, le principal mérite, la première utilité de ces idées générales. Qui dit « lieu commun » dit une idée commune à tous les hommes qui pensent; une idée assez répandue et assez profonde pour que les opinions les plus diverses, les spécialités les plus différentes y soient à peu près confondues; une idée assez largement humaine pour que tous, historiens, linguistes, physiciens, naturalistes, séparés dans le train de la vie quotidienne par la nécessité de ne voir qu'une partie de la réalité, nous soyons heureux de nous trouver d'accord sur les mêmes principes, nous nous reconnaissions tous de véritables « humanistes ». « Humanistes » dans le sens le plus libéral du terme, voilà, ce que nous fûmes dans le passé, ce que nous serons encore dans l'avenir. Humanistes comme un Rabelais, comme un Léonard de Vinci, nous ne voulons rester étrangers à rien de ce qui est humain; nous considérons l'homme tout entier, nous avons le culte de sa belle, de sa complète intelligence, nous faisons une part égale à toutes les nobles études, à tout ce qui élève, instruit, rend l'adolescent plus apte à comprendre la nature et l'humanité, et lorsque nous rencontrons, au seuil des temps modernes, une idée assez compréhensive pour qu'elle embrasse d'un seul coup l'ensemble de nos connaissances, nous nous bâtons de la saisir: nous empruntons à Copernic, à Galilée, à Descartes, à Pascal, à Pascal surtout, les textes qui nous font connaître, de 1550 à 1650, les caractères, les ambitions et les limites de *la Science.*

Mais nous n'avons garde d'oublier que certains de ces lieux communs, sans cesser d'être généraux, conviennent plus particulièrement à nos études littéraires. Telle est, dans la deuxième partie, d'après les grands classiques du XVIIe siècle, *la définition de l'art.* Les « grands sujets », vous vous le rappelez, la religion, la politique, se trouvant pour cinquante ou soixante ans interdits aux écrivains, ils n'out mis que plus de soin à développer dans le domaine qui leur était abandonné les procédés de la raison; et celle-ci ne change pas de nature, lorsque nous passons du *Discours de la Méthode* à l'*Art poétique* de Boileau. Certes, je l'avoue, deux mois sont bien insuffisants pour une pareille analyse: le Jour où le programme (c'est le seul point peut-être où il doive être amélioré) nous permettrait d'étudier le moyen âge en troisième, la seconde deviendrait la classe par excellence où l'on retracerait le tableau du XVIIe siècle, et nous n'aurions pas besoin de le voir tout entier en première. Mais nous n'en sommes pas là! Heureusement, nos procédés sont plus souples que le plan du cours en 30 leçons. Autant ils se prêteraient à une étude approfondie de tous ces textes, autant ils nous aident, provisoirement, à y choisir l'indispensable. La structure reste la même, qu'on fixe à 20, à 30 ou à 40 le nombre des chapitres dans chaque partie: c'est une méthode « à tiroirs ».

Voyez, pourtant, comme nous sommes excusables de les désirer plus nombreux. La *troisième idée,* toute différente de la seconde (elle en est à peu près le contraire), vaudrait bien, elle aussi, qu'on lui consacrât de longues réflexions, et qu'on lui donnât, enfin, en première, la place d'honneur. « Le grand siècle, Messieurs, disait un Jour Michelet, je veux dire le XVIIIe! » — « La grande idée, répétons-nous bien souvent à nos élèves, le lieu commun par excellence pour des

Français du XIXe siècle, est celle qui, née de la Renaissance, reprise par Montesquieu, Voltaire et les Encyclopédistes, est passée dans les faits par la Révolution, c'est la nécessité de soumettre non seulement l'étude de la nature, non seulement l'étude de l'homme, mais celle de la société aux sages lois de la raison. » *Les progrès de la raison dans la société; philosophes et hommes du monde dans la première moitié du XVIIIe siècle*, tel est le sujet de la troisième partie à la fin de laquelle, aujourd'hui 25 février, nous sommes loin d'être parvenus.

Rien de plus banal, vous le voyez, que ces « grandes questions humaines » dont parlait M. Adrian, et que je préfère peut-être appeler des « lieux communs ». Rien de plus littéraire, pourtant, si, comme l'a montré Brunetière, le lieu commun est la substance même de toutes les grandes œuvres, le résumé des expériences accumulées par tous les hommes, le seul genre de sujets auquel l'art des grands écrivains réussisse à donner la vie.

Nous n'avons donc plus qu'à montrer, par le choix judicieux des *textes*, la forme originale que prend, reproduite par un philosophe, un orateur ou un poète, la pensée commune de l'humanité. C'est le but de l'exercice devenu, depuis 1902, le principal de la classe, l'*explication d'un texte court*, permettant de tirer d'une page tout ce qu'elle contient, et de faire comprendre par elle (car tout est dans tout, pour ceux qui savent regarder) le génie d'un écrivain ou l'esprit de son époque. Aussi ce principe, sur lequel nos « instructions » ne se lassent pas d'insister, concilie-t-il à merveille, avec le souci des idées générales, celui de l'exactitude dans l'observation.

Vous en douteriez un moment, peut-être, si vous ne regardiez que le titre de mes sommaires. Vous feriez la même réflexion qu'un de mes amis, auquel je montrais, le 1er octobre, le plan de l'année commençante. « Mais ce sont des titres de leçons ! » s'écriait épouvanté ce partisan des saines méthodes. Et il voyait déjà avec horreur le cours ressuscité non plus en 30, mais en 90 leçons ! L'hydre de Lerne multipliant ses têtes ! Écoutez plutôt ce qui causait, bien à tort, son effroi :

1re Partie : *Les caractères et les limites de la science.*

1er groupe. 3 classes. — *Définition de la science :*

1. Par son principe : *l'esprit d'observation.*
2. Par sa méthode : *l'expérimentation.*
3. Par ses résultats : *son avenir dès lors entrevu.*

Heureusement, mon ami fut vite rassuré, en y regardant de plus près, lorsqu'il vit ce que cachaient ces titres trop prometteurs. Peut-être, il y a vingt ans, me serais-je laissé entraîner à lâcher quelquefois la bride, sur des idées si fécondes, à une éloquence déplorable. Mais écoutez le simple sommaire de la première classe et vous serez immédiatement fixés sur la nature ultra-modeste de mes effets oratoires :

1er sommaire. — *Le principe de la science*, ou *l'esprit d'observation.*

1er travail. — Lectures préparatoires (60 pages environ).

Vous prendrez deux notes écrites, sur feuilles volantes, d'après notre édition des *Grands écrivains scientifiques*, de Copernic à Berthelot.

1re note : Un tableau chronologique des premières découvertes scientifiques, de 1450 à 1650.

2e note : Nature et date des principales résistances rencontrées par les premiers savants. — Définition de *l'esprit d'autorité*, opposé à *l'esprit d'observation.*

2e travail. — Étude d'un texte court.

Vous lirez, dans notre édition des œuvres en prose de Boileau (on voit ici le rôle de la bibliothèque, et la nécessité d'y mettre jusqu'à dix ou douze exemplaires du même ouvrage), vous lirez l'*Arrêt burlesque*, composé par Boileau en 1671, où l'on trouve résumés, avec une ironie très fine, les arguments chers, de tout temps, à l'esprit d'autorité.

Leçon : Quinze lignes choisies dans l'*Arrêt burlesque* (les plus caractéristiques).

Elles ont été dictées et prises sur une feuille volante : la première note de l'année.

Il faudrait être, vous l'avouerez, bien sévère... ou bien flatteur, pour découvrir dans ce petit factum la moindre trace d'éloquence!

En revanche, nous nous y conformons au désir essentiel du programme. La première partie du sommaire (indications de lectures) est subordonnée à la seconde (indication d'un texte court à expliquer en détail); les connaissances positives qu'on acquiert par la lecture ne servent qu'à faciliter la préparation du texte. Dans l'*Arrêt burlesque,* par exemple, il n'est presque pas de ligne où un terme plaisant n'exige, pour être bien compris, ces recherches préliminaires... Vous vous rappelez tous « maître *en blanc* Aristote », et « certaine inconnue nommée la Raison », et « l'ordre intimé au cœur de continuer à être le principe des nerfs, nonobstant toute expérience à ce contraire », et l'exil final de la Raison, « chassée à perpétuité des écoles de ladite Université, à peine d'être déclarée Janséniste et amie des nouveautés ». Autant de termes, autant d'idées appuyées sur des faits qu'il faut connaître; la définition scientifique sort naturellement, sans effort, de la définition grammaticale, mais à la condition que tout le monde soit au courant des circonstances. Tant le rapport est étroit entre l'explication française proprement dite, et les notions d'histoire littéraire qui seules la rendent profitable. C'est par l'histoire littéraire, par la chronologie, par la biographie, par l'étude des faits, que nous arrivons à comprendre la pensée d'un auteur, à retrouver les réalités dont elle s'inspira jadis, à mettre des *choses* sous les *mots*.

Les sept sommaires qui suivent s'inspirent du même principe, avec quelques variantes dans l'application. Ainsi, la deuxième classe, annoncée sur la *méthode* dans les sciences d'observation, a été partagée par moitié entre l'analyse du *fragment d'un traité du vide,* de Pascal, et l'explication du fameux passage sur l'humanité comparée à un homme qui vivrait des siècles. L'*avenir de la science,* titre troublant au premier chef, était, dans la troisième classe, entrevu tout simplement d'après une page de Descartes, dans la sixième partie du *Discours de la Méthode;* page étonnante, du reste, et si pleine d'idées générales que les indications préalables du sommaire étaient plus que jamais utiles pour les faire reposer sur des connaissances précises.

Je puis, maintenant, avec moins de crainte, vous donner lecture des *cinq* titres relatifs à Pascal, et qui, sans cette précaution, vous auraient inspiré les plus vives inquiétudes.

Il s'agissait, la première fois, des *limites imposées à la Raison par la philosophie janséniste,* et la première partie du sommaire recommandait, en effet, des lectures assez générales : quelques passages de Sainte-Beuve, la *Vie de Pascal* par Mme Périer, les renseignements donnés par Foutaine sur la conversion de Pascal, et l'entretien entier avec M. de Saci. Mais la seconde partie subordonnait toutes ces recherches à l'explication de la page charmante où M. de Saci, alléguant jusqu'à sept fois le témoignage de saint Augustin, déclare que, quant à Montaigne, « on lui a peu conseillé de lire cet auteur. . . parce que ses paroles ne paraissent pas sortir d'un grand fond d'humilité et de piété ! » Si la seconde lecture (*la méthode de Pascal dans le livre des Pensées*) appartenait à un autre genre dont je parlerai plus tard, les trois dernières convergeaient chacune vers un texte précis et restreint :

Ressemblances et différences entre l'esprit des Provinciales et l'esprit des Pensées, disions-nous, en recommandant la lecture de deux ou trois Provinciales. . . Mais on devait tout rattacher au passage fameux de la cinquième Provinciale : « Allez donc, je vous prie, voir ces bons pères, et je m'assure que vous remarquerez aisément dans le relâchement de leur morale la cause de leur doctrine touchant la grâce. Comme leur morale est toute *païenne,* la *nature* suffit pour l'observer. . . » Vous connaissez le reste; vous savez comme, là encore, les mots chargés de choses réveillent et précisent les souvenirs acquis dans de plus longues lectures.

S'agissait-il d'étudier *le point de départ de Pascal,* la contradiction célèbre entre la grandeur et la misère de l'homme? Les textes parcourus dans les *Pensées* se trouvaient éclairés d'une vive lumière par la critique de Voltaire, et le passage si profond des « Remarques sur Pascal » : « J'ose prendre la défense de l'humanité contre ce misanthrope sublime... », était le sujet précis de notre explication.

Enfin, le titre de la cinquième classe, qui, isolé du sommaire, aurait pu me faire honnir par les gens pointilleux de droite et de gauche : « *Que subsiste-t-il aujourd'hui des explications proposées par Pascal?* », n'avait en réalité rien d'inquiétant pour personne, puisque nous insistions surtout sur l'hymne admirable, harmonieux comme une symphonie, émouvant comme un drame, où Pascal se rencontre sur la nature de l'inconnaissable avec Auguste Comte et Herbert Spencer, en ajoutant à l'idée banale son style et son accent: « Je ne sais qui m'a mis au monde, ni ce que c'est que ce monde, ni que moi-même! Je suis dans une ignorance terrible de toutes choses! » Et vraiment, quoiqu'il me soit arrivé d'interrompre brusquement certain lecteur monotone et de lui déclarer : « Mon pauvre ami! Comme on voit bien que vous ne connaissez pas l'angoisse métaphysique! », d'autres voix, d'autres accents me laissaient voir que les réflexions préliminaires avaient assez bien préparé la classe à l'intelligence du texte; que de l'histoire littéraire, enfin, condensée dans la première partie du sommaire, utilisée dans la seconde, on peut presque dire comme de sa grande aînée, lorsqu'elle aide à faire revivre la pensée d'un homme de génie, qu'elle est « une résurrection ».

Pourtant, l'examen approfondi d'un texte court, s'il apparaît de plus en plus comme l'exercice fondamental de la classe, ne saurait être le seul digne de nous intéresser. Il faut passer par quelques intermédiaires de l'explication au devoir; on ne saurait toujours et partout insister sur les détails du style, et les progrès, au lycée, ne se font pas seulement par l'étude des infiniment petits. Les jeunes gens ont besoin de voir de grands ensembles; ils aiment à jeter les regards bien loin devant eux ; on les lasse par trop de rigueur et de précision minutieuse; évitons de remplacer parfois le « cours de Faculté » si justement proscrit, par l'« explication de Faculté ». C'est à ce souci de varier et d'étendre les formes de la lecture expliquée que répond la seconde partie de nos études, celle que nous avons intitulée « *Le triomphe de la raison dans l'art*, ou *Les procédés classiques* : l'invention, la disposition, l'expression, *chez les grands écrivains du* *XVIIe siècle* ».

Voici, par exemple, le premier des sommaires relatifs à *l'expression*. Il est d'un autre genre que les précédents. Il invite à comparer entre eux plusieurs textes, sans négliger, par instants, le manuel; il prépare à traiter en classe un véritable chapitre de l'histoire littéraire :

Qu'est-ce qu'une phrase bien faite ? ou : *La période de Malherbe et la phrase de Balzac.*

Le premier défaut qui frappe, à la lecture de vos devoirs, le professeur ou le père de famille le plus indulgent est l'absence totale de force et d'harmonie dans les phrases. Vous accumulez sans grâce les *qui*, les *que* et les *et;* vos phrases ne sont pas organisées; elles n'existent pas, elles ne vivent pas; il n'y a ni ordre ni mouvement; et M. Legouvé lui-même n'aurait pas eu assez de talent pour leur donner forme sortable en les lisant à haute voix.

Il en était un peu de même, à la fin du XVIe siècle, pour les médiocres disciples de Ronsard en vers et de Montaigne en prose. *Malherbe* et *Balzac*, les premiers, sentirent que la phrase ne doit pas être construite d'une manière arbitraire, qu'elle obéit à des lois musicales, comme une mélodie. Les plus longues paraissent brèves, lorsqu'elles sont bien coupées; les plus lourdes s'allègent, lorsque les différentes parties sont à peu près d'égale longueur, et se trouvent heureusement opposées les unes aux autres dans un juste équilibre. Le mérite de ces deux auteurs fut de révéler alors le secret de cette harmonie.

1. Vous chercherez, après avoir lu les huit vers de Boileau sur *Malherbe* (*Art Poétique*. I. 131-138), ce qu'on doit entendre par la « juste cadence » et la « grâce des stances » dans les quatre premières et les trois dernières strophes de l'*Ode à Du Périer* (1607), et dans les six pre-

mières strophes de la pièce : *Pour le roi allant en Limousin* (1605).

2. Vous regarderez, de même, le jugement de Voltaire sur *Balzac*, dans le chapitre 32 du *Siècle de Louis XIV* et vous examinerez ensuite, d'après une page de Balzac lui-même (*Les fléaux de Dieu*, Recueil de Marcou, p. 126), en quoi consistent le « nombre et l'harmonie dans la prose ».

N. B. — Vous prendrez en note, dans vos histoires littéraires, quelques dates, et le titre des principales œuvres de ces deux auteurs, mais d'une manière très discrète. Retenez, par exemple, que Balzac, retiré de bonne heure sur les bords de la Charente, vint pour la dernière fois à Paris en 1636, l'année du *Cid;* il avait alors quarante ans environ; il ne reverra plus l'hôtel de Rambouillet, ni la rue Saint-Thomas-du-Louvre; il se contentera d'écrire des lettres. Vous n'avez à noter qu'une date importante, autour de laquelle vous groupez quelques souvenirs, autant que possible rattachés à une image matérielle. Rien de plus! Il ne faut apprendre que ce qu'on peut facilement et longtemps retenir; il faut surtout l'avoir appris d'une manière assez méthodique pour le retrouver plus tard; il faut que nos souvenirs soient des images bien liées.

Voilà comment il convient d'utiliser les manuels pour la chronologie.

Naturellement, les autres sommaires rattachés à l'*expression* revenaient à la méthode ordinaire, et se contentaient de diriger les lectures en vue d'une explication restreinte. Vous y salueriez au passage de vieilles connaissances; une étude sur *la force du style dans Corneille d'après vingt-trois vers de Cinna;* une autre sur *l'action dans la fable de La Fontaine d'après La Grenouille et le Rat;* une troisième sur la comparaison entre *la Mort et le Bûcheron* dans Boileau et dans La Fontaine; d'autres encore, tout aussi neuves, mais tout aussi nécessaires, sur une tirade de Racine, une page de Bossuet, trois pensées de La Bruyère... Ce genre d'exercice était, là, tout à fait à sa place. Mais, sur l'*invention,* par exemple, c'est-à-dire sur *l'art d'observer,* comment ne pas avoir recours à des formes à la fois plus larges et plus simples de la lecture expliquée? Il y en a deux, surtout, qui plaisent aux élèves, et qu'il serait bien fâcheux de voir sacrifier... « Il y a plus d'une demeure, répétait toujours Voltaire, dans la maison de mon père »... Ces deux formes sont *l'analyse faite au tableau*, pendant qu'nn élève lit à haute voix, et *l'interrogation-causerie* préparée par un questionnaire écrit. Ainsi, sur cinq sommaires consacrés à l'*invention*, nous n'en avons eu qu'un du modèle le plus fréquent dans les autres parties: c'était l'explication des *dix-sept vers de Boileau sur la « Pointe »*, préparée par des lectures relatives au *monde précieux*. Mais c'est d'après un chant entier, le chant III de l'*Art Poétique*, qu'on est obligé de définir la *nature de l'invention* dans la tragédie de Racine et la comédie de Molière... C'est un long questionnaire quelque peu humoristique qu'il a fallu dicter, pour préparer une causerie sur *l'expérience mondaine de Mme de Sévigné*, d'après le petit chef-d'œuvre de M. Boissier. A propos de la *disposition*, nous sommes bien forcés de montrer en classe comment on analyse une tragédie, une scène, un chapitre. Les élèves n'apprennent pas mieux seuls à *analyser les idées* qu'à comprendre les termes; ce travail est au moins aussi important que l'autre, aussi difficile et même plus profitable, puisque, pour bien écrire, il suffit, le plus souvent, d'avoir mis de l'ordre dans des idées claires. Ce n'est donc pas du temps perdu que de chercher avec les jeunes gens, la plume... ou la craie à la main, les formules qui résumeront *la scène 3 de l'acte IV dans Andromaque, les scènes 5, 6 et 7 de l'acte III dans Tartufe, la satire IX de Boileau à son esprit*. Oh! je sais bien que ce n'est pas un exercice compliqué, que le professeur n'y fait pas montre d'un talent très extraordinaire. Mais le baccalauréat, la classe et la vie pratique sont une chose, la virtuosité en est une autre: en joignant à l'étude détaillée de certains textes des interrogations larges, étendues sur les autres, le programme nous rappelle sagement à notre devoir essentiel. Nous devons avant tout faire connaître à nos élèves *ce qu'il y a dans les auteurs*. Lorsqu'ils auront beaucoup lu, leur jugement et leur style se formeront par cela même, et ils n'en reviendront que plus volontiers aux études minutieuses qui nous sont, en ce moment, de préférence, recommandées...

Question de tact et de mesure... Tout, dans les choses littéraires, n'est-il pas affaire de mesure?

Et nous sommes amenés ainsi, peu à peu, naturellement, de l'explication à l'analyse et de l'analyse au devoir... Aussi bien, depuis vingt ans, la composition française a cessé d'être un exercice isolé... Longtemps, trop longtemps (M. Rudler nous l'a montré), elle avait été trop fière de son « splendide isolement », et les faits, qu'elle dédaignait, se vengeaient de son mépris par une abstention regrettable: « la généralité vague » n'a pas été le monopole du cours d'histoire littéraire; nous l'avions vue sévir ailleurs, quelquefois, dans notre première jeunesse... Aujourd'hui, au contraire, leçons, explications, analyses, devoirs ne sont plus que les parties d'un ensemble, les membres d'un organisme duquel on ne saurait les distraire; la composition française n'est que le couronnement des autres exercices pratiqués dans la quinzaine... Nos vieux professeurs le disaient bien, au temps où le débat n'était pas encore institué entre les partisans du « cours » et ceux du « texte précis », où le mot même d'histoire littéraire n'était guère employé, mais où l'on pratiquait parfois la chose, et de main de maître : « Voulez-vous que les élèves étudient un auteur ou une époque? C'est bien simple : donnez leur un devoir dessus! ». Malheureusement, je suis de plus en plus confus et embarrassé, pour tirer des exemples de mon arsenal. Car ici, ce n'est pas seulement par ouï-dire, mais *de visu*.., j'ai vu, de mes propres yeux vu, beaucoup de devoirs excellents, qui répondent au moins aussi bien à cette nécessité, dans des cahiers qui vont garder sur le mien, outre tous leurs avantages, celui de la modestie. Il faut me décider, pourtant, puisque, en acceptant un honneur dont je ne prévoyais pas d'abord toutes les charges, j'ai d'avance « toute honte bue ». Laissez-moi donc vous donner un exemple, un seul, que je choisis à dessein très général, afin d'être à peu près sûr qu'il se trouve aussi ailleurs, qu'il est bien (c'est là l'important) la solide expression de notre pensée commune.

Je le prends, pour ne pas revenir en arrière, dans la troisième partie de ma série d'études.

L'idée générale de cette troisième partie, vous vous le rappelez, était celle-ci : il s'agissait de montrer, de 1700 à 1760, LES PROGRÈS DE LA RAISON, non plus seulement DANS L'ART, mais DANS LA SOCIÉTÉ. Nous avions inscrit en sous-titre : *Philosophes et hommes du monde dans la première moitié du XVIIIe siècle.* Je vous fais grâce des premiers sommaires sur *Les nouveaux progrès de la science de 1650 à 1750*, ou sur *L'apparition de l'idée du progrès* dans la Querelle des anciens et des modernes, d'après quelques pages de la *Lettre à l'Académie.* J'arrive au groupe que forme, avec Montesquieu, la première partie de la vie de Voltaire. Il est composé de six sommaires, d'un plan de dissertation fait en classe, et de deux devoirs. Je ne vous en avais annoncé qu'un. Enfin! Passe pour deux !

1er SOMMAIRE. — La civilisation définie par Voltaire dans une lettre à Thiriot et dans la première page du *Siècle de Louis XIV*.

1er DEVOIR. — Lettre écrite par Voltaire, âgé de vingt ans, à son ami de Cideville, pendant son séjour au château de Sully, chez M. de Caumartin (1714).

2e SOMMAIRE. — L'esprit dans les *Lettres Persanes*, d'après le «Général retraité» et le portrait du «Persan».

3e SOMMAIRE. — La méthode et le style de Voltaire historien, d'après le tableau qu'il trace de la Hollande dans deux pages du *Siècle de Louis XIV*.

4e SOMMAIRE. — L'intention et la méthode de Montesquieu, d'après le titre complet, la table des matières et la préface de l'*Esprit des lois*.

5e SOMMAIRE. — Les idées politiques de Montesquieu, d'après trois pages célèbres sur le principe des trois gouvernements.

UN EXERCICE D'ANALYSE ET DE COMPOSITION, fait en classe, au tableau : plan de deux dissertations, l'une pour la division C, l'autre pour la division D; les élèves ont ensuite échangé leurs notes.

1er sujet: Montrer la noblesse et la beauté du mot de Montesquieu sur l'indépendance du bon citoyen : « Je n'ai pas aimé à faire ma fortune par le moyen de la cour; j'ai songé à la faire en faisant valoir mes terres et à tenir ma fortune immédiatement de la main des dieux. »

2e sujet: Expliquer le mot de Voltaire sur l'*Esprit des lois :* « M. de Montesquieu a partout fait souvenir les hommes qu'ils sont libres. Il présente à la nature humaine ses titres qu'elle a perdus dans la plus grande partie de la terre. » (Voltaire. *Idées républicaines.*)

6e SOMMAIRE. — Le style de Montesquieu, d'après deux pages sur l'éducation : — dans le gouvernement despotique; — dans le gouvernement républicain.

De sorte que nous n'avons pas éprouvé de surprise, en nous transportant, après ces réflexions, au château de la Brède, vers le mois de février 1752, pour y entendre le dialogue suivant :

2e DEVOIR. — Dans la bibliothèque du château de la Brède. Montesquieu lit le «*Siècle de Louis XIV*», paru l'année précédente. Un vieux gentilhomme du voisinage lui rend visite... Vous reproduirez leur conversation.

La matière n'était pas une « matière » proprement dite. Nous n'aimons plus, aujourd'hui, à enchaîner l'imagination des élèves, et nous avons presque tous conservé mauvais souvenir de certaines matières d'autrefois. On nous disait parfois tant de choses (tant de choses vagues, d'ailleurs), et dans un ordre si rigoureux, que nous trouvions volontiers, un peu de paresse aidant, que ces discours auraient bien pu rester tels qu'ils étaient, dans leur nudité déjà trop vêtue. Nous ne donnons donc pas de « plan », mais quelques idées essentielles, pour empêcher les élèves de s'égarer, précédées de conseils généraux sur l'art du dialogue. Je passe les conseils, puisqu'ils n'ont que des rapports lointains avec l'histoire littéraire.

Voici les *idées*, qui en supposent au contraire la connaissance très exacte, chacune d'elles rappelant un texte d'explication.

Le vieux marquis félicite Montesquieu de sa lecture. Pour lui, il admire de toutes manières le livre de M. de Voltaire, surtout dans l'éloge du grand roi... Montesquieu ne l'approuve qu'à moitié; il reproche à Louis XIV son despotisme: la France lui paraît avoir été gouvernée, depuis cent ans et même davantage, «à la turque.»... Combien il est regrettable que M. de Voltaire n'ait pas mieux vu l'importance de la *liberté politique!* Quelle valeur cette idée n'aurait-elle pas communiquée à ses pages fines et profondes sur la *vraie civilisation!* Le marquis se laisse peu à peu convaincre... Tous deux mêlent à leurs appréciations littéraires et philosophiques sur les idées de Voltaire quelques considérations sur les événements du jour, l'indignité du gouvernement, l'imprévoyance des partis, le manque d'esprit politique de toutes les classes de la nation... La France paiera toutes ces fautes; le spectacle du siècle de Louis XV aide à porter malheureusement, sur celui de Louis XIV, un jugement plus sévère que celui de M. de Voltaire.

Telle fut la conclusion de nos lectures pendant trois semaines.

Le groupe suivant, sur Le Sage, Marivaux, Voltaire encore, le Voltaire du *Mondain* et de la *Correspondance*, s'est terminé par une lettre d'un vieux lord anglais... Encore un sujet! Je suis incorrigible: Arrêtons-nous enfin! Déjà, du reste, un autre groupe sollicite notre attention... Nous avons reçu, pas plus tard qu'hier (notre bibliothèque et son riche budget n'étant pas inconnus des libraires), un intéressant prospectus signé d'un homme de lettres nous proposant de souscrire à une grande publication encyclopédique; l'homme de lettres s'appelle Diderot; l'œuvre doit comprendre une trentaine de volumes in-folio... Nous prendrons le temps de réfléchir!. Pas trop, pourtant, car on nous annonce d'autres succès à grand fracas. Nous apercevons une *quatrième partie* qui s'appellera, par opposition à la précédente : *La révolte du sentiment ou la poésie romantique et la révolution française de 1760 à 1850.*

On prétend même que le prochain poète, tout prêt à débarquer de Chambéry avant les premières pervenches, ne sera qu'un prosateur, mais un prosateur tel que nous n'en avons jamais vu de pareil. Allons-nous pouvoir lui imposer des règles, à cet homme étranger, à ce révolutionnaire? On le dit fort indépendant. Ne va-t-il pas faire craquer notre plan, nos sommaires? La question est si sérieuse pour des gens aussi convaincus que nous, que j'en ai oublié le titre de notre cinquième partie. Mais elle sera très courte, dans tous les cas. Et puis, vous vous imaginez sans peine, connaissant notre point de départ, ce que sera notre conclusion. Les grands principes, posés dès l'an 1600 par les premiers apôtres de la science, ne cesseront pas de nous guider, et les excès les plus regrettables du romantisme à son déclin ne nous empêcheront pas d'aborder au port vers le mois de juin, plus que jamais fidèles au culte de la raison, à l'observation de la nature et de la réalité.

Telle est, simplement racontée, l'histoire d'une de nos expériences, d'une expérience prise entre mille. Ai-je réussi à produire des arguments assez forts? Ai-je pu laisser entrevoir le rôle que doit jouer l'histoire littéraire, et paraîtra-t-elle capable, sous cette forme plus précise et plus pratique que le « cours », de donner à notre enseignement l'*unité* dont il a besoin? C'est ce que je voudrais espérer. « Grande présomption », diront peut-être ceux qui conservent à son égard une invincible méfiance! « Touchant, mais trop naïf espoir », ajoutent ceux qui lui font encore crédit de quelque confiance, mais trouvent qu'elle vient trop tard, dans un monde de moins en moins fait pour la comprendre... — Et la voilà, la pauvre histoire littéraire, toute meurtrie encore des coups dont elle a failli mourir, lancée, à peine convalescente, au milieu de la mêlée! La voilà, de nouveau, dans l'ardeur des combats, elle qui n'a, pour se défendre, que son amour pour les lettres, sa confiance dans leur avenir, son désir de les appuyer, toujours et plus que jamais, sur ces belles idées générales qui en font toute la valeur! Mais là, précisément, se trouvent et sa force et son espérance. En vain l'on essaiera de constituer, en dehors d'elle, même restreint, même diminué, même privé de toute noblesse, un enseignement littéraire... Ou l'esprit qu'elle représente, tel que nous l'avons défini dès le début de cette conférence, esprit d'ordre et d'unité, esprit véritablement scientifique et philosophique, renaîtra avec les Lettres dans leur perpétuelle jeunesse,... ou les Lettres achèveront de disparaître avec lui.

Heureusement, plus d'un symptôme, que nous avons signalé, nous permet de nous prononcer pour la première hypothèse. Tout d'abord, cet *esprit* est celui du programme : les articles sur lesquels je me suis appuyé, les instructions desquelles M. Adrian et moi, et bien d'autres, nous avons tiré la méthode que nous essayons d'entrevoir, sont absolument formels; loin de songer à les supprimer, d'autres instructions toutes récentes les fortifient encore, et la formule du paragraphe 7 pourrait officiellement résumer notre pensée : « L'enseignement de la littérature doit sortir de l'étude des textes. » — De plus, si des *procédés* semblent appelés à jouir d'une faveur croissante, ce sont bien ceux qui, s'inspirant d'idées justement à la mode, permettent au professeur de diriger les lectures, de multiplier les conseils, de solliciter les confidences, en un mot de pratiquer la direction du travail. L'art de travailler avec méthode, suivant un plan qu'indique le sommaire, sur des textes fournis par le professeur, à l'aide de notes qu'il vérifie, ne saurait certes déplaire à personne en ce moment. — Reste la question de l'*horaire actuel*... Celle-là, j'ai bien été obligé de reconnaître qu'elle était capitale, puisque, entre la méthode appuyée sur le programme, on peut dire entre le programme lui-même... et l'horaire, il faut nécessairement choisir. Pourtant elle n'est pas insoluble. Le ton sur lequel M. Lanson l'avait indiquée la première fois n'était pas décourageant, et je nourris l'espoir tenace que sur le terrain où elle se trouve maintenant posée, en présence de propositions précises et de demandes limitées, qui ne cachent aucune arrière-pensée, il ne refusera pas de l'examiner, de nouveau, en toute bienveillance... Mais ceci est déjà le sujet de la discussion prochaine, ce n'est plus celui de ma conférence, et je me hâte de terminer.

Qu'il nous suffise d'avoir montré, pour aujourd'hui, dans quelles conditions matérielles et morales, par quels procédés et par quelles méthodes l'histoire littéraire est prête à vivifier l'enseignement nouveau. *Quatre heures* de classe, et autant d'étude; *une classe hebdomadaire* consacrée à la direction du travail, celle qui doit donner de l'unité aux autres, sur laquelle repose tout notre enseignement; *deux explications* par semaine, et un *devoir* par quinzaine, un grand devoir dont la dictée, la préparation et la correction exigent exactement deux classes..., tel est le système qui commence à se dessiner sous nos yeux; telle est la limite normale vers laquelle tend, chaque jour comme vers sa forme naturelle, un organisme plein de vie. Au delà, il y aurait pléthore. Au-dessous, nul ne peut nier qu'il n'y ait (faute de temps) souffrance, langueur et anémie. C'est au cours de notre dernier entretien qu'il vous appartiendra de dire par quelles concessions légères, bienfaisantes pour tout le monde, conformes aux prescriptions excellentes du plan d'études, souhaitées (comme l'a dit l'un de vous) par les plus clairvoyants de nos rivaux eux-mêmes, il serait facile de répondre aux vœux évidents de la nature.

La discussion des deux dernières conférences a eu lieu le 4 mars. En voici le compte rendu sténographique, revisé par les interlocuteurs :

Après un échange de vues sur l'ordre du jour, l'assemblée, ayant décidé de continuer la discussion de la conférence de M. Lanson, en reprenant cette discussion au point où elle en était restée le 11 février, M. Lanson cède la présidence à M. Cahen.

M. le Président. — Quatre d'entre vous, Messieurs, restaient inscrits à la séance dernière sur la question de l'horaire. Ils avaient demandé la parole, si mes souvenirs sont exacts, au cours des observations présentées par M. Boudhors, et, à la façon dont la discussion s'était terminée la dernière fois, j'avais cru comprendre qu'ils n'insistaient pas pour la reprendre; mais j'ai pu me tromper. Ces personnes sont : MM. Labouesse, Crouzet, De Lapierre et Desternes. Après eux, en tout cas, devra parler M. Brunel, qui nous a demandé par lettre à présenter au sujet de la conférence de M. Lanson et de la discussion générale un certain nombre d'observations. Si vous le voulez bien, c'est ainsi que les rôles seront distribués, à moins que certains de ces Messieurs ne désirent pas prendre la parole.

M. Labouesse (Lycée Lakanal). — Avant d'être grands, nos élèves sont petits; avant qu'on puisse leur imposer un rapport d'ingénieur sur l'aristotélisme au XVIe siècle, il importe, je pense, qu'on étudie un peu les exercices qui leur conviendraient. Il n'en a pas été question dans la conférence de M. Lanson. Au cours de cette conférence et des réponses qu'on lui a faites, il m'a semblé que M. Lanson posait à M. Boudhors, en particulier, une question relative à la distribution des études.

C'est au nom des professeurs de 5e et de 6e que je crois devoir parler.

Nos petits élèves sortent de 7e; ils ont eu un seul professeur qui, dans toutes les matières, dans tous les exercices, s'est attaché à surveiller le français, l'orthographe et qui même est descendu jusqu'aux détails infimes de la ponctuation et de l'accentuation. Or je pense que tout cela est nécessaire.

Eh bien, nos petits bonshommes, dès qu'ils arrivent en 6e, se trouvent partagés, divisés, tiraillés entre trop de professeurs. Le professeur d'histoire dicte un cours, un résumé, et ne surveille ni le français, ni la ponctuation, ni l'orthographe; le professeur d'histoire naturelle en fait autant, ainsi que le professeur de mathématiques, si bien que les efforts du professeur de français se trouvent complètement annihilés par ses collègues.

M. Lanson posait à M. Boudhors une question à laquelle celui-ci n'a pas jugé bon de répondre : est-ce que les langues vivantes sont responsables de la crise du français ? Je répondrai oui, et en voici les raisons : surtout dans les petites classes, les professeurs de langues vivantes s'adressent aux enfants par la méthode intuitive, leur font regarder des objets et leur en disent les noms, leur font fabriquer des phrases de ce modèle : « La maison est haute », « le père est vieux ». Lorsque les enfants nous arrivent, qu'il leur faut apprendre l'analyse, toutes sortes de méthodes et de procédés délicats, ils s'y refusent, et s'ils le font, ils le font mal.

Voici pourquoi, dans nos petites classes, il arrive que nous constatons, depuis l'application de la nouvelle méthode des langues vivantes, une décadence du français à laquelle, malgré tous nos efforts, malgré l'application de toutes les méthodes qu'on nous a préconisées, et Dieu sait s'il en pleut, par le temps qui court, nous ne pouvons remédier; nous constatons que nos enfants sortent de 6e moins forts en français que lorsqu'ils sortaient de 7e, et lorsqu'ils sortent de 5e, c'est encore pis; quand nous les livrons à nos collègues de 2e, je ne sais pas comment ils leur découvrent tout à coup du génie, mais il est certain qu'ils sont incapables d'écrire en français, et ce n'est pas de notre faute, croyez-le bien : c'est la faute de ces programmes de 1902 qui ont été l'inverse du bon sens.

J'ai exposé des maux auxquels personne ne pourra porter remède si l'on n'en arrive pas à restituer au professeur principal certaines parties des programmes. Il n'est pas nécessaire d'avoir un spécialiste pour enseigner l'histoire à des enfants de douze ans. Autrefois, nos professeurs nous apprenaient le calcul, et ne s'en tiraient pas si mal. Mais, sans revenir là-dessus, abordons maintenant la question des exercices propres à ces classes de 6e et de 5e. Avant d'enseigner la composition française, il faut que nous apprenions à nos élèves comment on met des phrases sur pied; il faut que nous leur apprenions aussi à lire un morceau de français. Ici, nous avons eu des indications tellement précises, tellement claires, que, quelque circulaire qu'on puisse nous envoyer, elle n'ajoutera rien à ce que nous a dit M. Cahen dans sa conférence.

Reste la question des exercices de grammaire et de composition. Je crois que le mal vient de ce que les professeurs ne savent pas où ils vont, parce que les exercices n'ont pas été répartis entre les quatre classes du premier cycle; chacun fait ce qu'il veut, peut embrasser toute la grammaire, tous les genres de composition; personne n'a son domaine propre.

Il me semble donc qu'on devrait commencer par savoir ce que l'on apprendra aux enfants dans les quatre classes du premier cycle, pour que les efforts de chaque professeur, étant limités, deviennent plus efficaces.

Voilà ce que j'avais à dire sur la question des méthodes; je pense que mes collègues du premier cycle sont de mon avis, et en ce qui concerne la méthode des langues vivantes, et en ce qui concerne les programmes de 1902. (*Applaudissements.*)

M. Crouzet (Collège Rollin). — Je voudrais poser une question très précise à M. Lanson à propos de l'horaire dans la section D. M. Lanson a paru dire à un moment de la discussion que, dans la section D, il fallait bien considérer que la situation des trois heures de français n'était pas tout à fait la même que dans les sections A ou B. Je voudrais lui demander s'il manifeste, à l'égard de l'augmentation de l'horaire dans la section D, la même résistance énergique qu'il a formulée à l'égard de l'augmentation dans les autres sections.

A propos de la question des langues vivantes, je voudrais apporter simplement un fait, et au besoin, si l'on veut, mettre des documents à la disposition de la Commission d'étude.

Voici ce dont il s'agit : j'ai les mêmes élèves successivement pendant trois ans; troisième, deuxième, première, et j'ai constaté que tous les élèves qui allaient passer un mois ou deux à l'étranger et qui pendant ce temps là apprenaient les langues vivantes, me revenaient l'année suivante avec une infériorité en français par rapport au point où J'étais arrivé à les élever dans la classe précédente. J'ai d'ailleurs demandé aux élèves eux-mêmes de me faire de petits rapports dans lesquels ils me diraient sur quel point précis ils éprouvaient des difficultés et à quoi ils attribuaient ces difficultés. Si l'on veut ces rapports, je les tiendrai à la disposition de la Commission; j'offre même des documents qui n'ont pas été préparés pour la circonstance : des familles m'ont apporté les lettres que leurs enfants leur avaient écrites d'Angleterre ou d'Allemagne et ces lettres ne sont plus du tout du français, et pourtant ces élèves avaient été dans la classe précédente d'excellents élèves de français. (*Applaudissements.*)

M. De Lapierre (Lycée Carnot). — Je voudrais dire un mot du fait qui met en désaccord M. Lanson et M. Bernés.

Trois heures de français suffisent-elles en rhétorique? M. Lanson dit oui, M. Bernés dit non. L'un se souvient des excellents résultats qu'il obtenait à Michelet et à Charlemagne, et se flatte qu'il en obtiendrait encore d'aussi bons, sinon de meilleurs.

L'autre se trouve à l'étroit dans le peu de temps dont il dispose et demande qu'on lui accorde une heure de plus. Tous deux ont raison. Et le fait qui justifie leurs manières de voir opposées, c'est qu'entre les élèves qu'a connus M. Lanson et ceux d'aujourd'hui il y à la réforme de 1902. Leur divergence d'opinion s'explique par les excès de cette réforme qui pèse lourdement sur l'enseignement du premier cycle et empêche les professeurs de grammaire de préparer à leurs collègues de lettres des élèves aussi bien entraînés que leurs prédécesseurs.

Prenons par exemple la sixième et comparons les horaires de 1900 et de 1902.

	1900. — heures.	1902. — heures.
Français	3	3
Latin	10	7
Langues vivantes	2	5

Il semble que le temps consacré au français soit exactement le même; il n'en est rien. Aujourd'hui nos trois heures se réduisent à deux et demie; avant 1902, dans presque toutes les classes, le français empiétait sur le latin. On lui donnait, selon les semaines, trois heures un quart, trois heures et demie, mais toujous plus de trois heures.

Cette demi-heure, qui n'a l'air de rien, mettait le professeur à l'aise; il avait de temps en temps le loisir de causer avec ses élèves. Il ne l'a plus. Il avait le temps de faire une lecture *récompense*, qui était attendue, qui excitait les efforts, le zèle, sur laquelle, sans en avoir l'air, il faisait souvent ses meilleures observations, sur laquelle il obtenait les réponses les plus empressées.

C'est un luxe qui nous est interdit maintenant parce que nous sommes toujours en chemin de fer; et même nous passons notre temps à sauter d'un train dans l'autre, ce qui n'est pas normal.

A côté de ces trois heures de français, nous avions autrefois 10 heures de latin. Nous pouvons dire qu'on nous a enlevé un tiers du temps qui lui était consacré.

Le latin n'était pas l'ennemi du français, bien au contraire; c'était son ami le plus précieux. Dans les questions de vocabulaire, par exemple, il est certain que le latin était d'un secours infini pour la connaissance du français. Je me demande un peu ce que deviendra sans lui l'intelligence de notre littérature du XVIIe siècle, et plus encore de celle du XVIe, de Rabelais, de Montaigne. Il semble bien que l'enseignement primaire le comprend puisqu'il fait de fort bons livres d'étymologie latine, alors que nous restreignons l'étude du latin dans le secondaire.

Ensuite, les exercices que nous faisions comportaient une comparaison perpétuelle du latin et du français; ils constituaient une étude ininterrompue du français.

Il y a vingt-cinq ans, M. Bréal se plaignait qu'on n'étudiait pas assez le latin pour lui-même. Aujourd'hui on s'aperçoit que c'est le français qui n'est plus assez su parce qu'on n'a pas étudié le latin.

Le latin était donc l'ami du français, mais il n'en est pas de même des langues vivantes.

Je dois avertir ici que je n'ai à leur égard aucun sentiment d'hostilité, bien loin de là. Ce que je vais dire est au contraire le résumé de nombreux entretiens avec des professeurs de langues vivantes de tout âge, jeunes gens, pères de famille, grands-pères même, qui sont peu satisfaits pour leurs enfants et petits-enfants du nouveau régime.

C'est par la force des choses, et non pas par la volonté de

nos collègues, que les langues vivantes sont devenues le grand ennemi du français. Comment cela? Par les méthodes qui sont imposées. Naguère, en effet, les langues vivantes en 6e avaient deux heures; ce temps n'était pas énorme, je crois même qu'il était insuffisant et je leur en aurais donné davantage. Pendant ces deux heures, les professeurs enseignaient directement les langues vivantes, mais indirectement le français aussi. C'est un gain qui est perdu parce que les choses ont totalement changé.

Vous avez lu ces conférences, ces instructions d'un ton vraiment lyrique, prophétique, qui fait songer à la Défense de la langue française par Joachim du Bellay; seulement, il ne s'agit plus de défendre la langue française, il s'agit de l'exterminer de tous les coins où elle pourrait se cacher. J'ai même entendu de très méchantes langues dire que, pour plus de sûreté, on avait commencé par la bannir des instructions elles-mêmes.

C'est aller beaucoup trop loin; cependant, à leur lecture, je n'ai pu parfois me défendre de songer à la charmante miss Bell, du *Lys rouge*, si délicieusement comique. Anatole France ne lui a pas mis un mot d'anglais dans la bouche, mais le maître de l'ironie élégante savait bien qu'il n'en avait pas besoin pour nous la peindre anglaise des pieds à la tête.

Le français, disais-je, est donc banni complètement de la bouche des professeurs pendant cinq heures par semaine, qui, pour des nécessités d'horaire, sont souvent prélevées sur les meilleures, sur celles du matin, celles qu'on réservait naguère au latin, parce que l'attention y est plus fraîche, l'esprit des enfants plus apte à recevoir ce qu'on leur enseigne. Pendant ce temps les élèves n'entendent pas prononcer par leurs professeurs un seul mot de français. Les voilà réduits au langage des écoliers, au langage de la cour, qui n'est pas le langage des cours, et au langage sportif!

Le français est également exclu du devoir écrit; il n'y a plus de thème, plus de version, ou du moins il n'y en avait pas jusqu'à la quinzaine dernière, car une première fissure vient de se produire dans la réforme que certains déclaraient intangible et sacro-sainte; la version reparaît, mais bien tard, en seconde seulement, dans une classe où ni le français ni les langues vivantes n'en tireront grand avantage.

Le vocabulaire, les tournures, les idiotismes de ces langues sont absolument différents de nos tournures et idiotismes français. Un seul exemple montrera que cette différence peut être nuisible :

Les philosophes nous disent que le sauvage n'a pas la notion du temps, qu'il confond facilement hier et demain. C'est parfaitement vrai de l'enfant. Nous avons une peine inouïe à mettre dans la tête de nos élèves l'emploi des temps, et comme nous avons dans notre langue un jeu assez complet, peut-être un peu trop complet, de passés définis, indéfinis, etc., c'est un gros morceau à leur faire avaler.

A cet égard, le latin n'est pas un auxiliaire comme sur d'autres points, parce qu'il réunit trois de nos passés dans son unique parfait, mais ce désavantage est compensé par des traductions qui forcent à mettre les choses au point et empêchent de prendre de mauvaises habitudes.

Il n'en est pas de même des deux langues vivantes que l'on étudie le plus. L'allemand et l'anglais confondent en une seule forme l'imparfait et le passé défini; débrouiller cette confusion est peut-être pour des étrangers le point le plus délicat de l'étude du français. Que voulez-vous que fassent de malheureux enfants, quand pendant des mois et des années vous leur avez donné l'habitude d'exprimer leur pensée sans tenir compte des différences qui séparent nos deux temps? Dans leur dernière version mes quatre meilleurs élèves ont traduit *prodebat* par *il livra;* la faute est très probablement due à l'influence des langues vivantes.

Enfin, l'ignorance de la grammaire, dont se plaint justement M. Lanson, provient en bonne partie de ce qu'on l'a réduite à la portion congrue en français et en latin, mais aussi de ce qu'on l'a presque entièrement supprimée dans l'étude des langues vivantes. On ne fait plus de gymnastique grammaticale, plus de devoirs demandant un véritable effort de l'esprit. Ceux que l'on pratique n'exigent qu'une sorte d'attention de l'oreille et des yeux qui est à peine un exercice de l'intelligence. L'effort déployé dans le plus humble problème d'arithmétique est autrement sérieux et profitable. Au reste, il est facile de voir que, par la vraie méthode directe, qui consiste à aller vivre en pays étranger, on apprend fatalement une langue, si mal doué qu'on puisse être. Je crois donc que les méthodes actuelles, si fatigantes pour les professeurs, sont nuisibles à l'étude du français, d'une bien médiocre valeur éducative, et qu'elles sont un des facteurs, et non le moindre, de la crise qui nous occupe et de la baisse de la faculté d'attention.

M. Desternes. — Je demande à M. Lanson s'il maintient, avec la même intransigeance, son opposition à l'extension de l'horaire du français dans la section D? Je rappelle ses paroles : « Vous vous plaignez d'être seuls, mais vous avez l'histoire, vous avez les langues vivantes. »

On vient de dire beaucoup de mal des langues vivantes; je n'en pense ni bien ni mal, et si j'en parle, c'est indirectement. J'avais dit que dans la section D le français ne peut compter que sur lui-même. Or les nouvelles Instructions ministérielles me paraissent corroborer l'affirmation que j'opposais à la thèse de M. Lanson :

> Une tâche particulièrement délicate s'impose aux professeurs de division D; sans le secours des lettres anciennes, mais en réalité à l'aide du français *seul*, ils doivent donner la culture...

Je n'ai pas vu, dans ces Instructions rédigées à propos de la crise du français, la moindre allusion à la collaboration des langues vivantes. Pas la moindre allusion non plus dans les récentes Instructions sur l'enseignement des langues vivantes. D'autre part, si précieuse que soit l'étude des langues étrangères, n'est-il pas démesuré de leur accorder sept heures contre trois au français? N'y a-t-il pas là un manque d'équilibre, un manque de proportions?

Reste la collaboration de l'histoire. Il a été fait récemment à la Sorbonne un cours de pédagogie historique, où il a été dit expressément que les professeurs d'histoire auraient bien le goût et le désir de corriger littérairement et grammaticalement leurs copies, mais qu'ils étaient dans l'impossibilité absolue de le faire, étant donné le peu de temps dont ils disposaient. Donc, le professeur d'histoire se contente de corriger ses devoirs au point de vue historique, n'ayant pas le loisir de faire des corrections grammaticales et littéraires. Par conséquent, c'est un raisonnement qui ne porte pas que de dire aux professeurs de français : « Vous n'êtes pas seuls, vous avez des collaborateurs. » Nous avons des collaborateurs, c'est vrai, en principe peut-être, mais en fait ils ne peuvent collaborer, et ils ne collaborent pas. C'est pourquoi j'ai cru devoir demander à M. Lanson s'il maintient sa résistance à l'extension de l'horaire du français dans la section D.

M. Lanson. — Je vais répondre par ordre aux différentes observations qui viennent d'être faites.

M. Labouesse a interpellé surtout, me semble-t-il, ses collègues de langues vivantes et ses collègues d'histoire, et manifestement il faudrait qu'il y eût dans l'assemblée des professeurs d'histoire et des professeurs de langues vivantes pour discuter avec lui...

Plusieurs voix. — Il y en a.

M. Lanson. — ... pour discuter avec lui sur les choses qu'il a dites. M. Labouesse n'est pas tout à fait dans le vrai quand il dit : « Le professeur d'histoire dicte un cours. » S'il y a des professeurs d'histoire dans l'assistance, ils seront d'avis, je crois, que la pratique n'est plus générale aujourd'hui, Je ne sais pas si c'est la pratique contraire qui est la plus générale, mais, en tout cas, une partie notable des professeurs d'histoire aujourd'hui ne dicte plus le cours; une partie des professeurs d'histoire aujourd'hui exerce les élèves à prendre intelligemment des notes et à faire intelligemment le résumé d'un chapitre de livre, d'un certain nombre de pages d'un livre en dégageant les idées importantes et en mettant en lumière ces idées, en soutenant ces idées par les faits principaux qui peuvent les éclairer. Cela me paraît être un excellent exercice dont la composition française même pourra tirer un bénéfice.

M. Labouesse. — Et vous croyez, Monsieur Lanson, que les élèves de sixième font cela? Demandez à tous mes collègues s'il y en a qui soient capables de le faire.

M. Lanson. — Je ne sais pas si vos élèves de sixième le font, mais je sais que dans un bon nombre de classes on les exerce selon leurs aptitudes et selon leur âge à faire des exercices analogues...

Une voix. — A copier...

M. Lanson. — A copier? Non! et cela je le sais. Je connais des classes de sixième, de cinquième, de quatrième où, proportionnellement à l'âge des élèves, conformément à cet âge, d'une manière très intelligente et très habile, le professeur d'histoire demande quelque chose qui soit un effort personnel d'intelligence et de classement. Si vous n'en connaissez pas, je le regrette pour vous.

M. Labouesse. — Non! pour eux...

M. Lanson. — Maintenant, pour les langues vivantes, vous les rendez responsables de la crise du français, et vous vous en prenez encore à la méthode directe et vous dites cette parole très grave : «Ils sont moins forts en sortant de mes mains qu'en sortant de septième.» Jamais personne qui vous entendra dire cela ne pourra admettre que vous puissiez rejeter toute la faute sur un collègue...

M. Labouesse. — Sur la méthode.

M. Lanson. — Sur les collègues qui appliquent la méthode. Toutes les fois — et cela s'est trouvé — que j'ai vu des élèves de petites classes ou de grandes classes aux mains d'un professeur qui appliquait la méthode directe comme elle peut être appliquée — et il y en a un bon nombre — je me suis aperçu que la méthode directe ne conduisait pas seulement à une acquisition en quelque sorte mécanique du langage étranger, mais que la méthode directe comportait, elle aussi, un exercice intellectuel et une activité intellectuelle. Il y a une différence, quoique quelques-uns de ceux qui ont parlé ne veuillent pas ou ne puissent pas la voir, une différence entre un illettré ou un semi-lettré qui s'en va à l'étranger et qui apprend tant mal que bien à jargonner la langue étrangère, à employer les quatre-vingts ou cent phrases qui sont nécessaires pour pouvoir se tirer d'affaire en pays étranger, entre le comptable ou l'employé de commerce qui s'en va à une école Berlitz pour acquérir avec des professeurs quelconques uniquement une possibilité d'entendre et de se faire entendre, et la méthode directe telle qu'elle est pratiquée par les collègues de langues vivantes que vous avez aujourd'hui. Vous n'ignorez pas combien ce cadre des langues vivantes est différent à l'heure actuelle de ce qu'il était il y a vingt-cinq, trente ou quarante ans; vous n'ignorez pas quelle est la culture actuelle des professeurs de langues vivantes... (*Interruptions.*)

... L'un de vous disait l'autre jour, en parlant du français, que pratiquement — je ne dis pas théoriquement — mais que pratiquement les méthodes valaient ce que valent les hommes qui sont chargés de les appliquer. Comment se fait-il que pour les langues vivantes vous disiez le contraire, et que vous n'admettiez pas que la méthode directe vaudra ce que vaudra le professeur chargé de l'appliquer?

Quand la méthode directe est appliquée par un homme qui est un homme de culture, de savoir, d'intelligence et de dévouement, cette méthode directe donne de bons résultats, et il faut se boucher les yeux pour ne pas vouloir les voir...

M. Labouesse. — Nous les voyons tous les jours...

M. Lanson. — Les bons résultats?

M. Labouesse. — Non! les mauvais résultats...

M. Lanson. — C'est là où nous différons; vous opposez votre affirmation à la mienne; nous pourrons continuer deux heures sans être plus avancés. Je vous ai laissé dire ce que vous aviez à dire; laissez-moi dire de mon côté ce que j'ai à vous répondre. Je ne vous impose pas ma croyance, je ne l'ai jamais imposée à personne.

Maintenant, je vois bien dans la parole de M. Labouesse ce qui l'intéresse, et je n'y ferai qu'une allusion : c'est ce mot de professeur principal qui trahit le secret... (*Protestations*) ... la colère que cette réforme de 1902... (*Nouvelles protestations plus violentes*) ... a déchaînée contre elle chez un certain nombre d'entre vous.

Il y a un point sur lequel je suis d'accord avec M. Labouesse : c'est qu'il n'y a pas une organisation suffisante dans les classes du premier cycle, et, si vous vous le rappelez, j'ai insisté, dans la seconde partie de ma conférence, sur l'utilité qu'il y aurait pour les professeurs de s'entendre entre eux. S'il est souhaitable qu'un règlement — vous ne paraissez pas toujours désireux qu'on vous en donne — mais enfin s'il est désirable qu'un règlement vienne coordonner et graduer l'enseignement du français dans les classes du premier cycle, pourquoi l'attendez-vous, ce règlement? Qui vous a interdit, professeurs d'un même lycée, de vous entendre au commencement de l'année avec vos collègues des classes qui vous précèdent et qui vous suivent, pour établir cette coordination dans l'enseignement du français?

Je ne suis pas dans les secrets de l'Administration, mais je suppose bien que vous ne trouveriez ni inspecteur général, ni recteur, ni directeur de l'enseignement, ni proviseur pour vous blâmer et pour prohiber ces réunions comme interdites.

(*M. Rudler fait à M. Lanson une observation à voix basse.*)

M. Rudler me fait observer qu'il y a des circulaires récentes qui touchent à la constitution des conseils d'enseignement et des conseils de classe.

En tous cas, cette initiative venant de vous serait sans aucun doute très bien accueillie et respectée.

Pour M. Crouzet, je commencerai par la fin. Il m'a paru vouloir prouver beaucoup trop par ce qu'il a dit sur les langues vivantes.

M. Crouzet. — Je n'ai rien voulu prouver; j'ai voulu simplement apporter des faits.

M. Lanson. — C'est toujours la même objection : vous apportez des faits ou ce que vous appelez des faits, c'est-à-dire des faits enveloppant une opinion, car il est impossible de séparer votre opinion de ces faits.

M. Crouzet. — Si vous connaissez mon opinion, vous êtes bien heureux, parce que je n'en ai pas encore. (*Rires et applaudissements.*)

M. Lanson. — Je ne veux pas recommencer avec M. Crouzet la petite discussion que j'ai eue l'autre jour avec M. Boudhors; je ne ferai qu'une observation : vous apportez un fait, vous le posez, et vous dites : Je ne veux pas m'en servir. Mais moi, j'ai bien le droit de voir ce que ce fait contient; vous le posez là pour que quelqu'un s'en serve; vous invitez ou vous autorisez ceux qui sont d'un avis contraire au mien à s'inspirer de ce fait. Il est naturel que je le prenne, que j'en fasse la critique et que je lui demande sa signification.

Eh bien, quand je dis que les faits que vous apportez impliquent une opinion, c'est que véritablement venir nous dire que des élèves qui vont un mois à l'étranger deviennent par là même énormément inférieurs en français, c'est nous dire une chose dont les conséquences vont bien au delà de l'attribution d'une heure de plus à l'enseignement du français, c'est nous demander de déconseiller aux familles, dans l'intérêt de vos études françaises, d'envoyer leurs enfants à l'étranger.

Eh bien, non, jamais! et quand bien même vous auriez des raisons suffisantes, quand bien même, momentanément, vous sentiriez au début de l'année un fléchissement et une hésitation, je continuerais de conseiller aux familles d'envoyer leurs enfants à l'étranger comme complément naturel, nécessaire et excellent des études de français. Je vous demanderai si vous n'avez jamais senti qu'il pouvait y avoir une confusion entre le grec et le latin au début de l'étude du grec? Vous n'avez pourtant pas laissé de passer outre.

M. Crouzet. — Je suis tellement de votre avis que j'ai été pendant les vacances avec mes deux enfants sur une plage anglaise, et j'y ai aperçu M. Lanson.

M. Lanson. — Je n'ai pas eu l'honneur de vous y voir.

Je conclurai néanmoins de ce fait que M. Crouzet ne redoute pas pour ses enfants, pour le français de ses enfants plutôt, la contagion de l'Angleterre; il ne croit pas leur français si délicat que cela, et il a raison; mais alors que signifie le fait qu'il apporte, quel en est le sens, quelle conclusion voulez-vous en tirer?

M. Crouzet. — Il prouve une chose : c'est qu'il n'y a pas, comme l'autre jour vous aviez paru le dire, une cloison étanche entre ces deux enseignements, les langues vivantes et le français; c'est que certainement ils ont des influences l'un sur l'autre. Nous n'avons pas ici de documents suffisants pour étudier ces influences; mais si on pouvait les étudier, on verrait qu'il y a de l'un à l'autre d'étroites relations.

M. Lanson. — Aussi n'ai-je jamais pensé qu'il y eût une cloison étanche, et je pense que tout ce que j'ai dit va contre cette idée. Je viens de dire tout à l'heure à M. Labouësse que j'estimais qu'un bon professeur d'histoire donnait à ses élèves une formation intellectuelle dont le professeur de français bénéficiait ensuite, et qu'un bon professeur de langues vivantes, tel qu'il y en a tant aujourd'hui, n'enseigne pas l'anglais et l'allemand par la méthode directe comme on apprend l'anglais ou l'allemand dans les rues de Londres ou de Francfort; qu'il y avait bien autre chose dans son enseignement; qu'il y avait une valeur intellectuelle dans la manière dont les exercices — parlés, il est vrai, principalement parlés, avec un secours, qui varie selon les classes et les professeurs, des exercices écrits — dans la manière, dis-je, dont les exercices étaient ordonnés; que ces exercices supposaient chez les enfants une activité intellectuelle qui aboutissait à les rendre plus aptes aussi à bénéficier de la classe de français.

Vous notez qu'après un mois de séjour à l'étranger vous trouviez quelques fautes de français; quand cela serait exact, cela suffirait-il pour conclure que d'excellents élèves ne peuvent plus aujourd'hui écrire en français à cause des langues vivantes? Cela me paraît singulièrement exagéré.

Pour l'horaire de la section D, vous me demandez mon sentiment et vous avez noté que mon opposition vous a paru moins radicale que pour la section A. C'est vrai, et voici pourquoi.

Je vais réunir ici les observations de M. Desternes aux vôtres parce qu'elles aboutissent à la même question.

Si mon opposition est moins radicale, c'est non pas parce que je crois absolument que le français est sans aides dans la section D, mais parce que je reconnais en effet que les aides, tout au moins celles auxquelles une grande partie, la majeure partie des professeurs sont habitués à avoir recours, leur font défaut ici. Mais la raison principale qui me porte à ne pas opposer à M. Desternes la même négation que j'ai opposée à M. Bernès, c'est que M. Desternes est arrivé avec une affirmation que je ne peux pas contester, je m'en rapporte à lui : il a dit qu'il avait un avis conforme de ses collègues, professeurs de sciences.

Dès lors, je puis croire que lorsque M. Desternes mettra cette question en discussion avec ceux-ci, il leur dira : Donnez-moi une heure de plus que je prendrai sur votre enseignement. Car je ne crois pas que les professeurs de sciences aient qualité pour abandonner une heure de langues vivantes. C'est au professeur de langues vivantes qu'il faudra demander s'il croit pouvoir atteindre au résultat que doit donner son enseignement en sacrifiant une heure.

M. Desternes. — Nous ne voulons rien prendre à personne; il y a peut-être une autre solution.

M. Lanson. — Il s'agit donc d'ajouter une heure à l'horaire si chargé des élèves.

M. Desternes. — A aucun prix.

M. Lanson. — Pour ma part, je serai toujours opposé à ajouter quoi que ce soit au total actuel des heures de classe. Je crois que ce n'est pas possible. Si vous voulez donc une heure de plus, il faut, par un accord entre les divers enseignements, que chaque enseignement arrive à établir le nombre d'heures dont il a besoin pour faire sa fonction. Le jour où vous aurez persuadé soit à vos collègues de sciences, soit à vos collègues d'histoire, soit à vos collègues de langues vivantes de vous donner une heure, ce jour-là, pourquoi vous la refuserais-je? Si vous faites de bon travail en trois heures, vous en ferez de meilleur en quatre.

Une autre observation de M. Desternes me persuade que l'horaire étant arrivé à un total qui ne peut pas être dépassé, le mieux, le plus raisonnable, c'est précisément de faire le mieux possible dans les limites de l'horaire qui nous est assigné. M. Desternes nous disait tout à l'heure que les professeurs d'histoire se plaignaient de ne pas avoir le temps de faire tout ce qu'ils voulaient dans le nombre d'heures qui leur est donné.

Je crois qu'il n'y a pas un professeur qui trouve le temps de faire tout ce qu'il veut. Par conséquent, la conséquence, c'est qu'il faut faire le mieux qu'on peut dans l'horaire qui nous est attribué.

Je viens maintenant aux observations de M. De Lapierre. Ici, c'est le procès général de la réforme de 1902. Véritablement, elle a été assez discutée. Je suis venu apporter une conférence sur la méthode de l'enseignement du français; je n'ai pas l'intention de faire une conférence sur la réforme de 1902.

Ce qui me paraît ressortir de ce qu'a dit M. De Lapierre, c'est que l'enseignement s'est transformé. Oh! je le pense bien; mais je trouve qu'il s'est transformé dans un bon sens. Je trouve qu'il n'y a qu'à améliorer, à perfectionner.

Je ne sais pas si c'est M. De Lapierre qui m'a attribué l'idée que la réforme de 1902 était *intangible*. Je ne crois aucune réforme pas plus qu'aucune constitution intangible, mais quand on touchera à la réforme de 1902, — si on y touche, — je ferai tous mes efforts pour qu'on n'y touche que pour la développer, la compléter, l'améliorer, et je ferai tous mes efforts pour que cette transformation très réelle de l'enseignement qui a diminué la part et l'importance dans les études d'une certaine forme de culture littéraire aille se complétant jusqu'à ce qu'elle s'achève.

Voilà jusqu'à quel point mon opinion diffère de celle de M. De Lapierre.

Je trouve, pour ne pas entrer dans une explication trop longue, je trouve que l'intention des réformateurs de 1902 a été de procurer une adaptation meilleure de l'Université à la société démocratique d'aujourd'hui (*Protestations*)....

C'est mon opinion; libre à vous de ne pas la partager; vous ne m'empêcherez pas de le dire et de le redire (*Nouvelles protestations*) et je continuerai à la défendre.

Maintenant, cette adaptation, il reste encore des choses à faire pour qu'elle soit complète, et on pourrait y travailler.

Vous dites en particulier, Monsieur De Lapierre, qu'on ne sait plus le français parce qu'on ne sait plus le latin. Eh bien! ici encore, je vais passer très vite en marquant seulement l'opposition de nos idées : c'est parce que vous ne voulez pas admettre suffisamment une chose que je crois pour ma part profondément vraie : c'est qu'on peut apprendre le français par le français et par le français seul... (*Non, non*)... et le savoir aussi bien qu'en l'apprenant par le latin.

Il y a nombre d'écrivains et d'excellents écrivains qui ont su admirablement le français, beaucoup mieux que beaucoup de latinistes ne le sauront jamais. Il y a des femmes qui parlent admirablement le français et qui l'écrivent très bien, et, dans l'enseignement des jeunes filles, on fait la preuve tous les jours qu'on apprend le français, même la langue française, même la grammaire française, par le français, et sans le latin.

Dans les langues vivantes, ce qui vous blesse surtout, c'est la nouveauté; vous les toléreriez encore à l'état d'enseignement accessoire, d'enseignement latéral, mais le besoin que nous avons des langues vivantes s'étant augmenté, le besoin que nous avons du latin ayant diminué, — car après tout, si on a appris le latin, pendant tant de siècles, c'est qu'on en avait besoin, un besoin direct et immédiat, et l'enseignement du latin a périclité du jour où son besoin a été moins direct et moins immédiat, — les langues vivantes nous étant devenues plus nécessaires, dis-je et le latin moins nécessaire, ce sont les langues vivantes qui ont tendu à prendre du développement dans nos programmes d'enseignement. Mais, en même temps que les langues vivantes prenaient du développement, la méthode de ces langues était transformée, et c'est la méthode directe qui a été introduite comme la méthode raisonnable et nécessaire pour apprendre une langue vivante. Vous vous résigneriez encore à ce qu'on apprît les langues vivantes comme des langues mortes et à ce qu'on imposât vos méthodes de latinistes aux professeurs d'anglais et d'allemand (*Protestations*)... Je crois qu'il faudra que vous vous résigniez à ce qu'on n'apprenne pas l'anglais et l'allemand par la version et le thème d'abord et surtout.

Maintenant, vous doutez beaucoup, parce qu'on n'aura pas fait de thèmes et de versions suffisamment qu'on puisse faire des narrations suffisantes au baccalauréat. Eh bien, vous vous trompez; les faits sont là...

M. De Lapierre. — Vous dites le contraire de ma pensée.

M. Lanson. — J'ai cru comprendre que vous disiez qu'on n'aurait pas fait assez de versions et de thèmes pour faire une narration convenable.

M. De Lapierre. — Je répète plus clairement quelle était ma pensée : j'ai dit que cette introduction de la version en seconde me paraissait trop tardive pour apprendre du français aux élèves, et que je ne voyais pas non plus en quoi elle pouvait les aider à faire l'année suivante une narration allemande ou anglaise au baccalauréat. Ce serait plutôt le moment de ne plus employer en classe que la langue que l'on étudie, ainsi que l'on fait dans certains pays étrangers. J'ai chez moi des gens parlant fort bien le français, comme je voudrais voir tous nos élèves parler une ou deux langues vivantes, je leur ai demandé comment ils l'avaient appris : « Par notre langue maternelle, m'ont-ils répondu, pendant les trois ou quatre premières années; après quoi nos professeurs nous ont exclusivement parlé français ».

M. Lanson. — Je m'étais trompé sur ce détail de votre pensée. Vous vouliez dire qu'au moment où on introduisait la version, cela n'était plus la peine, J'avais compris que vous vouliez dire qu'en l'introduisant à ce moment, les élèves ne seraient pas capables d'en tirer quelque chose pour la narration du baccalauréat.

Laissons donc ce point de côté, mais il résulte de ce que vous avez dit que vous pensez qu'il faut pour les langues vivantes mettre les élèves à la méthode du thème, de la version et de la grammaire, et puis, au bout de plusieurs années, les faire parler. Moi je suis persuadé, permettez-moi cette expression, que c'est mettre la charrue devant les bœufs, et je vois des faits qui me donnent raison.

M. De Lapierre. — Pardon! je vois des faits qui me donnent raison aussi.

M. Lanson. — Vous trouverez toujours des étrangers qui parlent bien le français. Vous connaissez quelques Hollandais qui l'ont appris de cette façon; j'ai connu beaucoup de Russes qui l'ont appris par la méthode directe; mais, pour les petits Français qui nous intéressent, ce qu'il y a de sûr, c'est que du temps où on apprenait les langues vivantes par la méthode qui vous plaît, — c'est un fait constaté — les langues vivantes ne donnaient à peu près aucun résultat, et les élèves...

M. De Lapierre. — Parce qu'elles n'avaient pas assez d'heures.

M. Lanson. — Vous réclamez donc maintenant des heures pour les langues vivantes (*Protestations*)...; et les élèves arrivaient à la fin de leurs études, même de bons élèves, incapables de lire et encore plus incapables de parler. Les meilleurs arrivaient à être en état de lire sans être en état de parler. Aujourd'hui, vous avez des élèves qui, en deux ou trois ans, commencent à parler et qui, dans le second cycle, seront capables de connaître grammatiquement et littérairement la langue qu'ils seront capables de parler. Ils se présenteront ainsi à l'étude des langues vivantes comme ils se présentent à l'étude du français; quand ils commencent leurs études de français, ils savent parler la langue maternelle. Commencer par parler quand il s'agit d'une langue vivante, c'est le bon sens même, à ce qu'il me semble.

Enfin, pour terminer, je suis obligé d'insister encore pour dire ce qui me paraît la vérité absolument méconnue, méconnue dans la caricature que faisait M. Labouesse, quand il disait : On donne des phrases comme «La maison est haute». Sans vous demander si vos premières phrases de thème latin sont d'une littérature beaucoup plus relevée, je maintiens que l'activité intellectuelle que les élèves dépensent dans les classes d'allemand et d'anglais par la méthode directe est celle que la qualité des professeurs leur permet de faire dépenser, et vous pouvez être sûrs que, avec le niveau auquel on a porté la culture des professeurs, les élèves n'apprendront pas l'anglais ou l'allemand comme un domestique qui va dans un pays étranger s'habituer à jargonner.

M. Vial (Lycée Lakanal). — Je ne veux présenter que deux remarques très courtes. A propos du séjour à l'étranger, que font quelques-uns de nos élèves pendant les vacances, séjour d'un mois ou deux, M. Lanson nous fait cette concession que les enfants soumis à ce régime ne savent plus le français...

M. Lanson. — Mais je n'ai pas fait du tout cette concession.

M. Vial. — Le savent moins bien...

M. Lanson. — Non, non, non! Vous déformez ma pensée sur ce point, et vous me permettrez de la rétablir. J'ai fait non pas une concession, mais...

M. Vial. — Une constatation.

M. Lanson. — Non! J'ai dit : Quand il serait vrai qu'il y aurait un fléchissement, ce fléchissement momentané ne m'arrêterait pas, pas plus que je ne craindrais pour Voltaire qu'il eût oublié définitivement le français en voyant qu'il faisait des anglicismes en revenant d'Angleterre.

M. Crouzet. — Je suis tout à fait de votre avis; seulement c'est une difficulté de plus dans l'étude du français.

M. Vial. — Acceptez-vous cependant cette constatation? Reconnaissez-vous le fait dont il s'agit?

M. Lanson. — Je ne peux pas reconnaître cela autrement que comme un fait que m'affirme M. Crouzet. M. Crouzet a une expérience limitée qui n'est pas la mienne, mais je ne peux pas contester ni la véracité, ni la possibilité des observations de M. Crouzet. Il m'apporte des faits. Je lui dis : si ces faits sont vrais, ce fléchissement momentané ne m'arrête pas. Pour ma part, j'ai vu des enfants qui avaient passé un mois ou deux en Angleterre, un mois ou deux en Allemagne, et je n'ai pas constaté ce fléchissement dans leurs études de français. J'ai constaté une chose...

M. Vial. — Une difficulté.

M. Lanson. — Non, je n'ai pas constaté de difficulté.

M. Vial. — Il me semble que c'est un fait qui est assez évident, que tout le monde a constaté, ne serait-ce que par sa propre expérience : quand on séjourne pendant un mois ou deux dans un pays étranger et qu'on vient ensuite à reparler sa langue, on éprouve une difficulté momentanée.

M. Lanson. — Je ne peux pas parler d'autre chose ici que de ma propre expérience; puisque M. Crouzet a rappelé qu'il m'avait vu sur une plage anglaise, il ne m'a pas semblé que mon français au retour fût entamé. Peut-être me suis-je mal observé, mais peut-être aussi est-ce que je jargonne trop mal l'anglais et que je n'en ai pas une connaissance suffisante pour qu'il ait gâté mon français. J'ai vu aussi des enfants, et je n'ai pas constaté sur eux ce dont vous vous plaignez.

M. Vial. — C'est pourtant un fait qui est assez général.

M. Lanson. — Je vous accorde une seule chose : c'est que M. Crouzet dans son expérience limitée a affirmé ce fait. Vous, avec votre expérience limitée, vous l'affirmez également. Je vois deux personnes qui m'apportent des témoignages...

M. Crouzet. — Je puis déposer mes documents sur le bureau.

M. Vial. — Si vous voulez me permettre, Monsieur le Président, voici deux de nos collègues de langues vivantes qui nous apportent leur compétence en cette matière et qui constatent, eux aussi, que le fait que nous signalons est général.

M. Steck (Lycée Charlemagne). — Si vous voulez me permettre de citer un fait qui m'est personnel?

Étant parti en Allemagne à l'âge de 18 ans pour un an, alors que j'avais été reçu premier en français à l'examen des bourses, quand je suis rentré, à la première dissertation française que j'ai faite, j'ai obtenu 6 ou 7. C'est tout ce que j'ai pu faire.

M. Vial. — Je ne veux que tirer les conséquences qui me paraissent résulter de cette constatation; les voici.

L'enseignement des langues vivantes par la méthode directe consiste à envelopper l'enfant d'un milieu anglais ou allemand, à créer dans la classe une atmosphère anglaise ou allemande, analogue à celle qu'il trouverait à l'étranger; c'est pourquoi cette difficulté qu'il éprouve à parler le français après un séjour de deux mois à l'étranger, il l'éprouve en petit, quatre fois par semaine, dans tout le cours des études, quand, au sortir des classes de langues vivantes, il rentre dans la classe de français. Et je dis que là est sans doute une des causes du fléchissement, si fléchissement il y a, des études françaises.

Voici ma seconde observation. M. Lanson dit que l'enseignement des langues vivantes par la méthode directe peut être un exercice d'esprit excellent, ce à quoi je suis très loin de vouloir contredire: seulement, je constate que l'espèce de gymnastique intellectuelle en quoi consiste la méthode directe est absolument contraire à celle que fait faire l'enseignement du français; le génie français est analytique ou, plus simplement, l'enseignement du français, tel que nous essayons de le donner, est un enseignement d'analyse, un enseignement qui distingue, qui dissèque, d'une façon très minutieuse, trop minutieuse, si vous voulez, mais enfin, c'est un enseignement par lequel nous habituons l'enfant à analyser. Or la méthode des langues vivantes est une méthode intuitive et de synthèse. Je veux bien accorder qu'un esprit formé par cette méthode sera un excellent esprit, mais ce sera un esprit différent de celui qui sera formé par notre méthode d'analyse, et dès lors, si on soumet un même élève à deux méthodes qui se contredisent, les résultats ne peuvent être que fâcheux pour lui.

M. Marotte (Lycée Charlemagne). — Je voudrais expliquer dans quelle mesure les professeurs de sciences demandent l'extension de la culture française dans la section D.

Quelle est en ce moment la situation de la section D? Il y a 27 heures de classe en seconde D et en première D. Eh bien! à mon avis, il est absolument impossible d'augmenter le nombre total de ces heures. Il faut au contraire les diminuer. Malgré cela, je crois qu'on peut, tout en les diminuant, augmenter la part de la culture française, qui, à raison de trois heures par semaine, est trop faible.

Voici la solution que je propose, et dont j'estime qu'elle est la première conséquence à tirer des discussions actuelles sur la crise du français, si crise du français il y a.

Si je parcours les programmes de la section D, je constate que c'est la section de culture universelle, ou plus exactement encyclopédique : on y fait des mathématiques, de la physique et de la chimie, de la géologie; on y fait de l'anglais, de l'allemand, de l'histoire, de la géographie, du dessin. J'estime qu'il est impossible de réunir, d'une façon fructueuse, tout cet enseignement dans une seule section. Là est, à mon avis, pour la section D, l'origine de ce qu'on appelle « crise du français », et qui est plutôt une crise de tout l'enseignement de cette section, crise que je crois que l'on surmontera, car je ne suis pas du tout pessimiste, au contraire. Aussi ma conclusion est qu'il faut, pour améliorer l'enseignement, dédoubler la section D.

Ce dédoublement, on pourrait le faire de la façon suivante. D'abord une section de culture mathématique et physique, à peu près la section D actuelle, et qui n'en différerait que par la suppression de la seconde langue étrangère, dont les heures seraient partiellement réparties entre le français et la première langue. Ce n'est d'ailleurs aucunement par hostilité contre les langues vivantes que je propose cette suppression de la seconde langue : je sais trop bien pour ma part combien il m'est avantageux de parler un peu l'allemand et de lire l'anglais; mais mon exemple personnel vient à l'appui de ma thèse, car je n'ai appris que l'anglais au lycée, et c'est plus tard seulement que j'appris l'allemand, parce que cela m'était utile.

D'ailleurs, bien des professeurs de langues vivantes estiment que la seconde langue ne donne pas de résultats satisfaisants; l'un d'eux me disait même que cette seconde langue constituait un *bluff*.

A côté de cette nouvelle section D, on constituerait une cinquième section : non pas une section purement littéraire (je crois que le temps est passé des sections purement littéraires), mais une section : *Lettres modernes-Sciences expérimentales*, où il y aurait des sciences physiques, des sciences naturelles, et deux langues vivantes.

M. le Président. — Voulez-vous, pour rendre la discussion plus claire, formuler exactement votre proposition en ce qui concerne le français?

M. Marotte. — Je demande pour la section D la suppression des quatre heures de la seconde langue vivante.

M. le Président. — Au profit du français?

M. Marotte. — Je ne demande pas qu'on augmente de quatre heures le français, mais que, par exemple, sur ces quatre heures on en prenne deux pour le français.

M. le Président. — Votre proposition est donc que l'on augmente de deux heures le temps consacré au français dans la section D, en supprimant une des deux langues vivantes.

M. Steck. — Je ne m'attendais pas du tout à prendre ici la parole; je suis professeur de langues vivantes; j'étais venu pour assister à une joute oratoire sur une question qui m'intéresse, sur l'enseignement du français, mais, dans cette discussion sur le français, depuis une heure, je n'entends parler que des langues vivantes.

Si vous voulez bien me permettre de dire quelques mots à mon tour, je vois que je ne serai pas trop dépaysé.

Je ne viens pas faire ici le procès ou l'éloge de la méthode directe: ce n'est ni le lieu ni le moment. Étant professeur d'allemand, j'ai actuellement une opinion sur la méthode directe; je dirai même que j'en ai eu plusieurs successivement, mais ce n'est pas le moment d'exposer et de soutenir mon opinion. Cependant, je crois qu'il est nécessaire de relever quelques inexactitudes matérielles que j'ai entendu tout à l'heure prononcer par M. Lanson, car il semble à certains moments ne pas se rendre un compte très exact du caractère même de la méthode directe et des procédés par lesquels on doit l'enseigner, au moins en sixième et en cinquième, car c'est de cette première période que je veux parler.

La méthode directe est ou n'est pas; on ne peut pas faire une méthode semi-directe. Qu'est-ce que c'est que la méthode directe? Elle repose tout entière sur l'intuition; le but principal et essentiel du professeur est d'empêcher le mot français de s'interposer entre l'image et le mot par lequel la langue étrangère doit la représenter, entre le signe et la chose signifiée.

Le professeur peut-il y arriver et comment? J'ai là-dessus une opinion très nette, mais ce n'est pas le lieu de l'exposer. (*Si, si, parlez.*)

Or M. Lanson nous dit : Vous pouvez être absolument tranquilles; avec les procédés dont se servent des professeurs aussi distingués, qui ont reçu une culture aussi avancée que les professeurs de langues vivantes (et je vous remercie, Monsieur, de vos éloges, en mon nom et au nom de tous mes collègues), vous pouvez être absolument tranquilles. La méthode directe n'a pas les inconvénients que vous craignez; elle devient aussi une sorte de gymnastique intellectuelle; la formation de l'esprit de l'enfant y prend sa part.

Eh bien, au point de vue qui nous occupe ici, ce n'est pas mon avis. La méthode directe peut être très bonne; quelques-uns affirment — j'en suis peut-être — qu'elle est très bonne; mais enfin, en sixième et en cinquième, elle ne peut pas, à mon sens, constituer une gymnastique intellectuelle dont la formation de l'esprit profitera; en effet, si on demande à l'enfant de faire intervenir son intelligence, si on lui demande de raisonner, il raisonnera immédiatement et naturellement par la seule façon dont il sait raisonner : par le français; c'est le raisonnement en français, ce sont les mots français qui se présenteront à son esprit. A ce moment-là, il n'y aura plus de méthode directe.

La méthode directe est intangible; du moment qu'elle est exercée dans son esprit (et elle est exercée et je l'exerce moi-même), nous ne pouvons pas dire qu'il y a là, je parle de la sixième et de la cinquième, une gymnastique intellectuelle dont l'enfant profitera. (*Applaudissements.*)

M. Lanson. — Je mettrai d'abord tout de suite à part les observations de M. Marotte, qui a fait une critique de la section D que l'on s'accorde à trouver une section extrêmement chargée et dont les programmes sont en effet à modifier. Les modifications proposées par M. Marotte sont ingénieuses, et je crois qu'elles méritent d'être examinées par des hommes compétents. Je ne peux pas avoir d'avis sur les programmes scientifiques dont il n'a d'ailleurs pas donné l'idée en détail. Pour la distribution des études scientifiques, je n'ai pas d'avis à donner, mais l'élimination de la langue vivante, qui n'apparaît que dans le second cycle, qui n'est étudiée que pendant deux ans dans la section moderne, si elle était consentie par les professeurs compétents, ne m'effrayerait pas, du moment qu'elle permettrait au professeur de l'autre langue, au professeur de sciences, au professeur d'histoire, au professeur de français, d'aller plus sûrement à leur but. Le projet de M. Marotte est digne d'un très sérieux examen, surtout en ce qui concerne le dédoublement de la section D.

Pour M. Vial, je ne sais pas trop ce que c'est que le génie français dont M. Vial nous a parlé; j'aime mieux laisser cette notion vague de côté.

M. Vial est persuadé que les élèves perdent quelque chose de la qualité de leur français par un séjour même court à l'étranger, et il en conclut, par un argument qui me paraît bien faible, que, par un séjour d'une heure dans le milieu étranger d'une classe d'anglais, ils sortiront de cette classe moins aptes à profiter de l'enseignement du français.

Je crois vraiment que supposer que la classe d'anglais ou d'allemand agit ainsi en une heure, c'est une supposition tout à fait gratuite. (*Protestations.*) Dire qu'il y a de la difficulté, c'est dire que toutes les fois que l'on quitte un exercice pour en prendre un autre, il y a une opération de mise en train. Cela, tout le monde vous le dira, quel que soit l'exercice; les langues vivantes, le français, l'histoire, les sciences sont ici dans la même condition. Le professeur de langues vivantes pourrait d'ailleurs se plaindre aussi que vous lui gâtez ses élèves; les arguments sont retournés.

M. Steck. — Il est certain que si nos élèves ne savaient pas le français, ils apprendraient plus facilement l'allemand.

M. Crouzet. — Pour cela, on n'a qu'à se faire naturaliser Allemand.

M. Lanson. — Ce sont des arguments que je ne discuterai pas ici. Je crois être aussi bon Français que n'importe qui. Je crois que mon fils a besoin de langues vivantes. Cela, comme père de famille, j'y tiens, et je ne crois pas avoir donné le droit à personne de dire que je suis moins Français que lui... (*Protestations nombreuses; cris de : On n'a pas dit cela; tumulte.*)

M. le Président. — Il n'a été, j'en suis sûr, dans l'intention de personne de rien faire entendre de pareil.

M. Lanson. — Je tiens à dire, Messieurs, que je n'admets pas, que, pour peser sur des administrateurs ou sur des familles, on mette en avant l'argument national pour ou contre les langues vivantes. Laissons cela de côté.

M. Steck. — Je n'ai pas soufflé mot de cela.

M. Lanson. — Non pas vous; mais j'ai entendu une interruption.

Quelqu'un a dit : Faites-vous naturaliser Allemand. De quel sens cette phrase est-elle susceptible? (*Nouvelles interruptions et tumulte.*)

M. Crouzet. — Mon interruption est tout à fait mal interprétée; j'ai voulu dire simplement ceci : Pour qu'il n'y ait plus cette lutte entre deux langues dont parlaient M. Lanson et M. Steck, lutte entre l'allemand et le français, il faudrait qu'on n'ait qu'une seule langue à parler. Pour n'avoir pas besoin de « savoir le français » (je répondais à la supposition de M. Steck), il faudrait être naturalisé Allemand, tandis que toujours, tant qu'il y aura deux langues l'une à côté de l'autre, cette lutte est inévitable et augmente les difficultés de l'étude du français.

M. Lanson. — Nous ne pensons pas, et cela beaucoup d'autres l'ont dit avant moi, et je le redis, nous ne pensons pas que, parce qu'on a appris une ou deux langues vivantes, on sache moins sa langue.

M. Steck. — M. Lanson a mal compris mes paroles; j'ai dit que si nos élèves ne savaient pas le français, ils apprendraient beaucoup plus facilement l'allemand.

M. Lanson. — Vous avez voulu dire qu'on apprend toujours mieux sa langue maternelle. C'est une opinion. Mais *se faire naturaliser* n'a pas rapport à la facilité de parler : elle a rapport au choix et à l'amour d'une patrie. Voilà pourquoi j'ai relevé l'interruption.

Maintenant, M. Vial a soutenu qu'il y avait une contradiction entre les méthodes de l'anglais et de l'allemand et les méthodes du français, synthèse d'une part et analyse de l'autre. Il peut être excellent pour nos élèves d'être soumis tour à tour à une méthode synthétique et à une méthode analytique, d'autant plus que vous ne refuseriez pas d'admettre probablement qu'une certaine part de synthèse intervienne dans la classe de français, et je pense aussi qu'une certaine part d'analyse intervient dans la classe de langue vivante, et qu'ainsi cela rapproche les deux enseignements.

M. Steck est venu parler de la méthode des langues vivantes, et il a relevé, a-t-il dit, plusieurs inexactitudes dans mes affirmations; il n'a relevé que ceci : c'est que j'avais parlé de méthode directe. Ne discutons pas sur les mots. M. Steck a expliqué quelle était la méthode intuitive. Eh bien, il y a une chose certaine : c'est que, de très bonne heure, l'enseignement anglais ou allemand n'est plus entièrement intuitif ou oral, et que les professeurs qui ont appliqué le plus scrupuleusement la méthode directe ne se sont pas abstenus et n'ont pas été invités, je crois, à s'abstenir absolument d'employer l'écriture. Bien entendu, la méthode intuitive et orale reste à la base et est le principal, mais de bonne heure, le professeur, m'a-t-il semblé, fait travailler à de certains moments les élèves la plume à la main, et, sans leur donner des thèmes ou des versions, sans leur donner régulièrement des devoirs écrits, il leur demande, soit en classe, soit à la maison, de noter ou de résumer quelquefois certaines des choses qui ont été dites...

M. Steck. — Pas en sixième et en cinquième, jamais.

M. Lanson. — Je vous garantis que si.

M. Steck. — En tout cas, qu'est-ce que c'est que ces résumés?

M. Lanson. — Ce sont des résumés dans lesquels les enfants tirent parti de ce qu'ils ont appris d'anglais ou d'allemand comme de petits Français beaucoup plus jeunes, commençant à travailler le français, tireraient parti des phrases de français qu'ils connaissent.

M. Steck. — En sixième et en cinquième, c'est excessivement dangereux et d'ailleurs interdit; on doit faire des exercices grammaticaux et pas autre chose.

M. Lanson. — Maintenant, vous dites qu'il n'y a pas de raisonnement parce que les élèves ne peuvent raisonner qu'en français. Je ne sais pas comment ils font pour raisonner et comment vous, vous faites pour les faire raisonner, mais il m'a paru que, par la manière dont la classe était conduite, il y avait une invitation à l'élève de ne pas seulement faire une opération mécanique de mémoire. Il n'est pas possible d'ailleurs de faire les opérations les plus simples de la mémoire, celles que vous assurez purement mécaniques, il n'est pas possible de les bien faire sans que l'intelligence entre, dans une certaine mesure, en jeu.

M. Steck. — C'est-à-dire sans penser en français; c'est précisément ce que je dis.

M. Lanson. — Ils pensent en français, dites-vous? Vous le supposez, puisqu'ils ne parlent pas leur pensée autrement qu'en anglais. Mais vous arrivez à dire, ce qui me paraît réduire la chose à une dispute de mots, que la méthode directe, telle que vous la définissez, n'existe pas. Mais si elle n'existe pas, elle n'est pas nuisible. La méthode qui se sert comme vous dites de l'intuition, et qui en même temps se sert surtout de l'enseignement oral, qui se sert exclusivement au début, puis principalement, de l'enseignement oral, eh bien, c'est cette méthode-là, que tous mes contradicteurs ont accusée, et dont j'ai pris la défense, c'est cette méthode-là, qui est la méthode réellement en usage, que je désigne sous le nom de méthode directe, comme l'ont désignée ceux qui l'ont attaquée.

M. Steck. — C'est la méthode orale.

M. Lanson. — Vous en arrivez à réduire la méthode directe à une espèce d'entité métaphysique qui ne m'intéresse pas du tout.

M. Steck. — Ce que je vous oppose, ce sont les règlements, ce sont les instructions qu'on m'a données. C'est ainsi qu'on nous a expliqué la méthode directe. Il y a quinze jours une personne très compétente me l'a répété : en sixième et en cinquième, pas un mot de français.

M. Lanson. — Adressez-vous à ceux qui ont fait les circulaires.

M. Robert (Lycée Condorcet). — C'est du français qu'il devrait s'agir en ce moment; il faudrait un peu parler de la méthode du français dont on n'a pas dit un mot.

M. Lanson. — M. Robert a raison, mais il n'a pas dépendu de moi qu'on arrivât plus tôt à discuter la méthode du français. Je suis obligé de répondre à des critiques que l'on m'adresse à moi comme des critiques de ma conférence. Il est bien évident que nous avons parlé d'une foule de choses qui ne regardent pas la méthode du français; la faute n'en est pas à moi, j'en décline toute la responsabilité et je demande pardon à ceux qui, dans l'assistance, étaient venus pour entendre parler de ce que doit être notre méthode, s'ils ont le sentiment d'avoir perdu leur temps.

M. le Président. — Il est tard; je demande qu'on veuille bien arrêter cette discussion sur la méthode des langues vivantes, qui n'est pas de la compétence de la majorité de cette assemblée.

Je dis qu'il ne saurait être ici question des langues vivantes que dans le rapport qu'elles peuvent avoir avec l'enseignement du français; et, puisque, d'autre part, M. Brunel a demandé la parole sur les méthodes de l'enseignement du français à propos de la conférence de M. Lanson, que, par conséquent, il doit tenir à présenter ses observations en sa présence, je vous demande de l'écouter.

M. Brunel (Lycée Henry-IV). — Je suis obligé d'être très bref, étant donnée l'heure; c'est peut-être pour le mieux. Je ne parlerai, Monsieur Lanson, que de choses dont vous avez parlé vous-même.

Vous dites que vous ne prétendez imposer de croyance à personne. C'est certain, mais vous m'avez paru hanté par un parti pris : celui de limiter strictement le terrain de la discussion. Le français est en souffrance. Vous ne l'avez pas caché; vous avez même montré la crise, peut-être, plus grande qu'elle n'est réellement. Le français est en souffrance, et il importe que le mal soit réparé par le français lui-même, par le français seul, que le chantier de réparation, si l'on peut dire, ne soit pas étendu.

Je n'ai pas les mêmes scrupules.

Vous avez dit tout à l'heure : la réforme de 1902 n'est pas intangible. C'est bien mon sentiment, quoique je ne lui veuille pas de mal. C'est un hangar médiocre; mais je ne voudrais pas le secouer trop fort; il nous tomberait sur la tête. (*Rires.*) Reste, en tout cas, que ce hangar n'est pas très logeable, qu'il y a des réparations à y faire.

Vous dites : à la condition de ne pas toucher à ... Je ne sais trop comment préciser... Qu'y a-t-il d'essentiel dans la réforme? J'avoue que je ne l'envisage pas comme sacrée; un concile n'est point passé par là. Je ne considère, pour ma part, dans la réforme que deux choses véritablement admises et définitives : les humanités sans grec et l'égalité des sanctions pour les différentes sections.

J'arrive maintenant directement, comme je vous le promettais, aux choses dont vous avez parlé vous-même.

Vous avez proposé différents remèdes à la crise ; d'abord, ou plutôt *in fine* (car c'était votre post-scriptum), vous avez dit qu'il serait souhaitable que les professeurs accompagnassent leurs élèves d'une manière prolongée — ce qui ne veut pas dire de jour et de nuit, — mais pendant plusieurs années, disons deux années consécutives.

Cela offre assurément des avantages pour certains enseignements; il est clair que pour les langues vivantes, les mathématiques, les résultats sont fort bons. Quand le professeur est excellent, cela en donne de supérieurs encore.

J'avoue que, pour le français, cela ne me tenterait pas beaucoup. J'aurais une crainte : ce serait qu'on nous en fît, à cause des usages nouveaux dans la distribution des heures de service, la matière d'un enseignement spécial, ce qui, à mon sens, aggraverait beaucoup les choses. — Le professeur principal, j'avoue que j'y tiens, précisément parce que l'affaire d'instruction est ici dominée par celle d'éducation; et comme, même avec les moyens de le faire, nous nous garderions de donner à nos enfants quatre ou cinq institutrices à la fois, je crois qu'il est bon que l'éducation proprement dite de leur esprit soit confiée à un seul maître.

La partie principale de l'instruction, ne me demandez pas de dire ce que c'est; en réalité, je ne regarde rien comme accessoire; j'aimerais même, je l'avoue, à voir se constituer une section d'humanités modernes dans laquelle l'enseignement littéraire serait donné par le même professeur pour la langue, — car la seconde langue, j'en fais bon marché, — pour la langue étrangère moderne et pour le français. Je crois cependant que, d'une manière absolue, cet enseignement-là serait un peu inférieur à l'enseignement littéraire latin; peut-être, si le temps me le permet, en donnerai-je tout à l'heure les raisons.

Vous avez parlé aussi de l'utilité d'un filtre; c'est le mot dont vous vous êtes servi. Si j'ai bien compris, ce filtre existe et il n'est pas nécessaire d'en mettre l'invention au concours : cela s'appelle l'examen de passage. Seulement toutes les fois qu'on a voulu s'en servir, le filtre était au grenier. M. Raband nous a dit l'autre jour que c'était de notre faute. Ne sait-il donc pas ce qui se passe et voyage-t-il depuis au moins quinze ans? Ignore-t-il ce qu'on fait des notes qu'on nous demande à la fin de l'année? L'examen de passage, disons-le franchement, n'existe pas.

M. Lanson souhaitait, ce me semble, le filtre pour éliminer par en haut, pour promouvoir à une sorte de division supérieure les bons élèves, parce qu'ils gênent les mauvais et les médiocres, parce qu'ils ralentissent les progrès de leurs camarades. Je crois que c'est absolument le contraire, et qu'un professeur doit souhaiter une classe où il y ait au moins quelques élèves de premier ordre. S'il y a un paresseux intelligent, — il n'y a que ceux-là qu'on puisse pousser un peu, — s'il y a un paresseux intelligent, ce n'est pas le sort du vingt-troisième de Maurice Donnay qui le tentera beaucoup; ce sera au contraire la possibilité pour lui d'arriver à faire comme ceux qui font bien, comme ceux qui, lui aussi, l'intéressent quand il écoute, d'obtenir les éloges qu'ils obtiennent; et, Dieu merci, cela se voit quelquefois.

Une division de médiocres, ce serait un marécage.

Enfin, nous arrivons à un point capital. En somme, M. Lanson nous a conseillé, plus que cela : nous a prescrit la modestie dans notre enseignement. J'ai envie de pratiquer la méthode de mon ami Rudler et de me demander, en me dédoublant : qu'est-ce que la modestie ? d'interroger l'étymologiste qui est en moi.

Il me semble que la modestie, c'est la qualité de la mesure : c'est elle qui consiste à se soumettre aux choses que l'on a en vue, à ne rien surfaire, à ne rien faire que pour l'efficacité, à ne rien faire pour l'effet ni pour la parade. A la bonne heure ! Dès lors, qui donnera la mesure en matière d'enseignement ? C'est la qualité des élèves.

Or M. Lanson nous dit : le mal vient de ce que, à des élèves de plus en plus humbles, vous donnez un enseignement de moins en moins accessible.

Sur ce dernier point, peut-être serai-je dans une certaine mesure de son avis. Sur le premier point, pas du tout. Vous nous avez apporté des statistiques. C'est tout ce qu'il y a au monde de plus perfide que les statistiques. L'autre jour, M. Rabaud refusait de vous suivre sur ce terrain, et en dépit des chiffres il conservait l'opinion que les bourgeois du temps de Louis-Philippe n'étaient pas beaucoup plus lettrés ni disposés à favoriser la culture littéraire de leurs enfants que les bourgeois d'aujourd'hui.

Nous n'avons entendu Rachel ni l'un ni l'autre, Monsieur Lanson ; mais je suis en mesure de vous l'affirmer, c'est à cause de Rachel que le Théâtre-Français jouait autant la tragédie à l'époque dont vous avez parlé. Le hasard m'a fait pratiquer très intimement des gens qui, dans ce temps-là, ne quittaient presque pas le Théâtre-Français. Eh bien ! votre statistique, vous pourriez la compléter en demandant les registres de recettes : ils vous révéleraient, je crois, — c'est ce qui m'a été bien des fois attesté, — que les jours où Rachel ne jouait pas, on jouait devant les banquettes.

Quant aux pièces modernes du même temps, mon Dieu, c'était Scribe et son école; celles d'aujourd'hui sont plus littéraires, à tout prendre, plus dans le sens de la grande tradition, de la grande culture française.

Brunetière avait des boutades, mais des boutades dans lesquelles le sérieux dominait toujours; il disait qu'Hervieu, c'était la tragédie; je n'insiste pas. Donnay et les autres sont de vrais écrivains. Bref, la production théâtrale d'aujourd'hui, au fond, nous avons lieu d'en être très fiers ; ce n'est pas elle qui est un mauvais symptôme sur l'état d'esprit de notre public.

Alors quoi ? Notre clientèle a changé ; vous dites qu'elle s'est considérablement augmentée. Oui! beaucoup trop à mon gré. Nous sommes trop riches. Qu'est-ce que ce sera d'être modeste pour cette clientèle-là ? Telle est la question.

Vous avez compulsé le palmarès d'un lycée de province, et la liste des anciens élèves; et vous avez vu que beaucoup d'anciens élèves de nos lycées n'y mettent plus leurs enfants aujourd'hui. Soit. Mais en somme, qu'est-ce que nous avons perdu ? Je crois que nous tomberons d'accord sur ceci : nous avons perdu, si c'est une perte, les enfants des hobereaux, les enfants de quelques gens riches qui ont gagné leur situation par leur travail, qui ont été des écoliers studieux, puis des travailleurs pleins de mérite, et dont les enfants ne travailleront pas beaucoup, sont quelque chose comme des hobereaux de la bourgeoisie. Mais nous n'avons pas perdu la vraie clientèle d'autrefois, celle à laquelle nous devons tenir, les enfants de la bourgeoisie lettrée et libérale; et nous avons gagné, ce qui est fort important, et nous gagnerons encore, je l'espère, grâce à une judicieuse attribution des bourses, nous gagnerons tous les jours davantage des enfants venus de l'école primaire, des premiers de l'école primaire, l'élite des classes populaires (*Très bien, très bien*). Nous aurons peut-être une certaine peine à les développer au point de vue esthétique, je vous fais la partie belle; mais ils apportent tous une qualité qui nous est très précieuse (je reprends vos expressions) : « le respect du passé littéraire de la France ». Ils ont tous ce sentiment-là profondément ancré; ils savent ce qu'a fait la littérature française pour le progrès des idées d'humanité, de démocratie. Il y a là chez eux un sentiment quasi-religieux, et dont nous pouvons tirer très grand parti. A ce point de vue, ces enfants peuvent servir de modèle aux autres, aux enfants de familles plus aisées et déjà plus cultivées.

Alors, vraiment, je me dis que nous n'avons pas perdu grand chose.

Il nous reste encore, hélas! — ceux-là, c'est le marécage, — les enfants de la bourgeoisie qui paye et qui croit, parce qu'elle paye, qu'elle a le droit de faire donner à ses enfants l'enseignement des lycées de l'État. Ce n'est pas mon avis (*Très bien*), et le filtre, c'est là que je m'en servirais pour écarter les enfants qui ne peuvent pas utilement recevoir l'enseignement secondaire (*Applaudissements*). Faute de quoi, si l'on prend mesure sur ces médiocrités, l'enseignement secondaire devient ce que j'appellerai une concurrence déloyale à l'enseignement primaire, un enseignement primaire inférieur, frelaté et maquillé.

Mais, me direz-vous, ces enfants, nous n'avons pas le droit de les priver de l'enseignement secondaire. Eh bien! ce n'est pas mon avis. Dans un pays où l'enseignement primaire est donné gratuitement, l'État ne doit pas à tout un chacun l'enseignement secondaire; il doit le laisser prendre, le laisser acheter où ces gens le voudront, à leurs risques et périls. Le commerce est libre.

Et permettez-moi, Monsieur Lanson, un argument par analogie et *ad hominem*. Vous professez à la Sorbonne, grande maison, bien décorée, bien chauffée....

M. Lanson. — Trop chauffée!

M. Brunel. — ... où il y a certains professeurs qui ont de grands agréments personnels; et, pour ces diverses raisons, vous voyez les salles de la Sorbonne envahies par beaucoup d'oisifs, d'incompétents, de femmes élégantes mais frivoles. Supposez, Monsieur Lanson, que votre cours soit un jour véritablement envahi par ces personnes-là; est-ce que vous croirez votre devoir d'approprier à cet auditoire votre enseignement? (*Applaudissements.*) Est-ce que vous ne considérerez pas que vous trahiriez le service public qui vous a été confié, l'enseignement de la haute méthode critique?

Eh bien! il en est exactement de même dans l'enseignement secondaire; notre devoir n'est pas de descendre aussi bas que le niveau pourra aller. Notre devoir, je l'ai dit et répété, est d'être modestes, rien de plus, rien de moins. Qu'est-ce que cela veut dire? J'irai le chercher dans les instructions officielles. J'en ai feuilleté le recueil avant de parler ici, et voici ce que j'ai lu dans l'une d'elles, adressée à nos collègues des sciences physiques : on leur dit d'être « simples et élevés ». J'accepte cette définition : « simples et élevés ».

S'il n'était pas si tard, je me serais un peu étendu sur ce que, pratiquement, j'entends par là; j'aurais peut-être dit quelques mots des différents genres d'exercices. Cette tâche heureusement m'est facilitée. J'ai reçu hier, comme vous, — on y a fait allusion tout à l'heure, — un rapport de la Commission ministérielle pour les études françaises. Mon premier mouvement a été, je dois le dire, de trouver que ce n'était pas gentil d'avoir publié ce rapport si vite (*Rires*), de ne pas avoir même l'air de s'occuper de ce que nous faisions ici (*Applaudissements*). Mon second mouvement a été très différent; après l'avoir lu j'ai trouvé ce rapport charmant, plein de bonnes choses, joliment dites, animé d'un vif amour de la jeunesse, d'une grande indulgence pour ses efforts bien intentionnés.

Rien que cette citation expliquera suffisamment ce que je veux dire par là.

Le rapporteur parle de la correction des devoirs, et il voudrait :

« Que les élèves, trop enclins quelquefois à rester passifs, prissent l'habitude d'exposer ou de défendre leurs idées; que le professeur leur montrât clairement par où elles sont inexactes ou incomplètes, souvent aussi se les appropriât avec indulgence, leur laissât croire, çà et là, qu'ils ont seuls trouvé ce qu'on leur suggère, en un mot, les soutînt sans les opprimer et leur apprît par degrés à faire leurs premiers pas sous une discipline graduellement plus libérale. »

Je voudrais pouvoir en citer davantage. Il me semble, mon cher Rudler, qu'il y aurait là tous les éléments d'une réponse à votre conférence.

M. Rudler. — Je ne le crois pas.

M. Brunel. — Vous avez été, vous, Monsieur Lanson, un peu moins, Monsieur Bezard, bien durs pour les anciennes pratiques de l'enseignement secondaire. Il me semble que le rapport est inspiré, en bien des endroits, du sentiment très juste de ce qu'on doit garder de ces anciennes pratiques, même aujourd'hui; car enfin nous n'avons pas « changé tout cela », nous n'avons pas mis le cœur à droite.

Tenez, quelque chose de bien modeste, les leçons; il en est question dans le rapport. Est-ce qu'on peut faire des études françaises sans s'être incorporé par la mémoire quelques chefs-d'œuvre que l'on garde en soi toute sa vie?

J'irai même plus loin : je crois que parmi les gens qui ont reçu l'enseignement secondaire, il devrait y avoir une espèce de communion dans la connaissance, dans la possession de ces chefs-d'œuvre qu'on doit emporter dans sa tête quand on sort du lycée.

Mes fonctions me mettent en présence d'élèves, plutôt bons, venus un peu de tous les coins de la France. Je suis très frappé de ceci: vous leur demandez s'ils connaissent le premier acte du *Misanthrope?* Non! S'ils connaissent telle partie incomparable de tel chef-d'œuvre comme *Le Cid?* Non! Ils ont vu autre chose, chacun la sienne; ils n'ont pas de fonds commun.

Véritablement, la notion du classique, de l'indispensable dans l'enseignement du français, tend à disparaître.

Je n'ai presque rien à dire de l'explication; aussi je me hâte. Je ne reprendrai pas une fois de plus l'éloge de la conférence de M. Cahen. Elle est excellente; on en faisait l'autre jour, autour de moi, un éloge bien sincère qui consistait à dire: mais c'est ce que nous faisons tous. (*Applaudissements.*)

J'en demande pardon à mes collègues, mais ce n'est pas tout à fait exact. Ce n'est pas ce que nous faisons tous: c'est ce que nous voudrions tous faire. Mais nous n'en avons pas le temps.

Comptons un peu. Dans ce rapport de la Commission, qui me plaît à tant d'égards, je trouve qu'on se dérobe un peu quand il s'agit de mesurer le temps aux différents exercices. On dit (vous connaissez la formule) : qu'on s'en rapporte au tact infini, au jugement, à l'esprit de mesure des professeurs. Voyons les réalités.

Trois heures de français par semaine, trente-huit semaines par an, bon an, mal an. On compte dans le rapport deux heures d'explication française, sur ces trois classes. C'est impossible. Il faut une heure pour le devoir et il faut une heure pour la préparation du nouveau devoir, pour ces jolis exercices dont M. Bezard nous a parlé l'autre jour, pour le superflu, chose très nécessaire, pour ce que M. Cahen combat, ce que le rapport combat aussi : la digression. Je suis tout à fait contraire à la digression qui étouffe le texte, mais non pas à la digression franche. L'autre jour on disait que c'était l'imprévu ; pour cela même, c'est ce que les élèves goûtent le mieux ; c'est ce qui réveille leur attention, ce qui leur fait prendre immédiatement leur cahier de notes. Il nous faut donc cette heure-là.

Disons donc, pour l'explication, trente-huit heures par an, sans plus. Vous voudrez sans doute, pour raisonner sur des exemples, qu'on fasse étudier, au moins pendant une heure, quelques pages de Mme de Staël. Alors, si vous voulez faire l'addition (je ne suis pas fort en addition), vous direz : trois ou quatre heures pour Châteaubriand, autant au moins pour J.-J. Rousseau. Remarquez que ce sont là des auteurs que nos élèves ne peuvent pas avoir intégralement entre les mains, et qui sont de la première importance philosophique ou littéraire. Il faut donc qu'on leur donne un peu plus de temps en classe. Alors, vous voyez, cela s'étend. Voltaire, au moins autant d'heures. Et ces classiques dont je parlais il y a un moment ; vous voudrez sans doute, le rapport le demande, que ces classiques soient étudiés dans une œuvre complète, une ou deux. Il le faut pour pouvoir les caractériser, les juger. Vous n'admettrez pas qu'on n'ait pas étudié dans une classe de rhétorique au moins une douzaine de fables de La Fontaine, suivant cette méthode sûre, solide, modeste — oui vraiment modeste — dont parlait M. Cahen. Alors, combien de classes accorderez-vous pour étudier suffisamment devant des élèves intelligents *Le Cid* par exemple, ou *Andromaque ?* Je crois que si je demande quatre heures, cinq heures, je suis au-dessous de la vérité. Voulez-vous voir combien de fois il faudra quatre ou cinq heures ?

M. Cahen. — Voulez-vous me permettre un mot ? Tous les auteurs que vous venez d'énumérer figurent bien sur nos programmes et sont en fait expliqués, mais non pas dans la dernière année seulement de nos études. Ils se répartissent sur tout le cours des études depuis la troisième ; alors, ce n'est pas une année qui y est consacrée, c'est trois et peut-être quatre.

M. Brunel. — Je dis que le professeur de seconde ou de première ne pourra pas se dispenser, pour appuyer ses observations littéraires, d'étudier à fond et en détail une œuvre de nos grands classiques.

M. Cahen. — Bien entendu.

M. Brunel. — Je n'ai pas fait le compte, mais je crois que nous sommes, rien que par ces études des plus grands maîtres, tout près de trente-huit heures. Par conséquent, M. Bezard l'a dit, — vous, vous ne l'avez pas dit, mais vous l'avez laissé entendre, vous l'avez prouvé, — il faut une heure de plus.

M. Cahen. — Je n'établis pas de débat sur ce point et ne suis intransigeant ni dans un sens ni dans l'autre.

M. Brunel. — Nous arrivons au point difficile : M. Lanson nous disait dans la première discussion : Si vous ne dites pas sur quoi vous prendrez cette heure, il n'y aura rien de fait. Eh bien, cette heure je la chercherai, moi, du côté des langues vivantes. Non que j'éprouve aucune espèce de dédain pour les langues vivantes. A plus forte raison ne voudrais-je rien dire qui pût mécontenter nos collègues chargés de les enseigner. On a fait ici leur éloge; je m'y associe pleinement, je les estime, je les admire et je les plains, car c'est sur eux qu'a porté le plus lourdement la réforme; mais enfin, l'enseignement qu'ils donnent n'a pas, à cause de la méthode directe précisément, dont je reconnais certains avantages (mais en ce moment nous cherchons à renforcer l'étude du français), n'a pas le caractère philosophique qui est celui de l'enseignement secondaire.

On nous apprend les langues par l'image; on fait des prodiges pour se passer de dictionnaires et de grammaires : c'est bien; mais voulez-vous me permettre une anecdote ? Le fils, garçon fort intelligent, d'un homme fort intelligent, lui aussi, qui se trouve être l'un des éditeurs responsables de la réforme, était remarquablement doué pour les lettres. Son père l'a voué à la section des sciences, section C. J'ai connu ses angoisses, et c'est le côté sombre de la réforme pour les parents, la nécessité d'opter quand un enfant a quinze ans. — J'entends qu'on me dit : moins de quinze ans; c'est vrai, en effet : le problème se pose dès la quatrième. Le père de notre jeune homme ne lui avait pas fait faire de grec en quatrième parce que cela devait être inutile. Mais, au bout de sa seconde, le petit a renâclé; la matière scientifique manquait décidément. Il a fallu le changer de division. Il était doué, je l'ai dit, pour les lettres, mais on ne pouvait pas le mettre en A, faute de grec. On l'a donc mis en B. Mais il n'avait qu'une langue vivante. Il était intelligent; on l'a envoyé chez Berlitz, où il a appris avec des dames ou des demoiselles, pas toujours la même demoiselle. Il a fait de rapides progrès, et au baccalauréat il a été très bon pour la seconde langue.

Eh bien, cette seconde langue, qu'on apprend si aisément chez Berlitz, prend, en classe, combien d'heures ?

Plusieurs voix. — Quatre heures.

M. Brunel. — Avouez qu'on peut en faire l'économie; et plus tard, comme notre collègue M. Marotte, si l'élève en a besoin, il ira passer trois mois à l'étranger.

En résumé, ma pensée, toute ma pensée est la suivante : c'est qu'il faudra constituer, si on veut sauver ce que l'enseignement littéraire avait autrefois de distingué et ce que les exigences démocratiques n'ont pas aboli, une division vraiment supérieure d'humanités. Quels ont été au Parlement les défenseurs les plus résolus de nos humanités ? Viviani, Jaurès. (*Applaudissements.*) Par conséquent, nous sommes bien tranquilles, nous sommes couverts. Désire-t-on sauver ce qu'on a si gratuitement compromis ? il faudra reconstituer de vraies divisions d'humanités, — même modernes, si l'on veut, — dans les conditions, que je disais tout à l'heure, d'enseignement vraiment littéraire et éducatif; des divisions d'humanités, surtout, qui se distinguent autrement que par une honteuse indigence de culture scientifique.

Sur les programmes, il est vrai, les sciences ne sont pas abolies. Sans doute; rien n'est aboli, tout est exténué. Il y a du temps réservé aux mathématiques, une heure en première; et puis à l'examen, pour qu'on sache bien à quoi s'en tenir, une note dérisoire, une note humiliante pour les examinateurs. Eh bien, je demande que des divisions d'humanités, dans lesquelles entreront seulement des sujets d'élite, soient instaurées avec une vraie culture scientifique. Ce seront des programmes en apparence plus chargés, mais qu'importe? si la qualité des élèves est meilleure?

Véritablement, c'est une inconséquence extraordinaire. On nous rebat les oreilles de « siècle scientifique, siècle industriel ». Au nom des sciences, on prétend que nous enseignions les lettres d'une façon toute nouvelle. Mais on prive nos élèves littéraires de culture scientifique. C'est absurde. Ce n'est pas la manière d'enseigner la littérature qui doit changer; la littérature répond à un besoin; elle est complémentaire des sciences; elle a pour but de développer chez nos enfants certaines finesses de sentiment, de goût. Assurément, nous subirons l'influence du milieu ambiant; nous deviendrons de plus en plus scrupuleux, exacts; les sciences nous perfectionneront. Oui, de même que M. Lanson, pour la culture littéraire de la section D, faisait état de ce qu'on y apprend en langues vivantes, en histoire et en tout le reste, je demande à faire état, moi, de la culture scientifique pour les sections de lettres. Nous avons déjà bien des sections; cela en fera une de plus; et voilà tout. Il y aura un certificat de plus au baccalauréat, et je crois que ce certificat, pour lequel je ne sollicite d'ailleurs aucun privilège, aura bientôt un très grand prestige.

Enfin, je demande quelque chose qui a l'air d'être contradictoire, inconciliable avec ce qui précède : je demande un peu de stabilité; je demande qu'on nous laisse poursuivre tranquillement, en conscience, ces expériences que, quoi qu'on dise, nous faisons avec beaucoup de dévouement. Nous n'en préjugeons pas le résultat, cela est vrai; nous ne donnons pas le coup de pouce, comme on dit dans les laboratoires, et nous nous en vantons. Mais nous voudrions bien ne plus être exposés à ce genre de brimade qui consiste à modifier, à compliquer sans cesse les conditions de l'expérience; qui consiste, chaque fois qu'un professeur va commencer la classe et s'asseoir sur sa chaise, à la lui retirer derrière le dos.

Nous avons été convoqués ici par l'autorité, apparemment en vue d'aboutir à quelque chose. Si M. Lanson voulait s'approprier quelques-unes des observations que je viens de lui soumettre et qui ont recueilli l'approbation de plusieurs dans cette réunion, je lui serais très reconnaissant, pour ma part, de les porter au pied du trône. (*Applaudissements.*)

M. Lanson. — Je prierai d'abord M. Brunel de bien vouloir expliquer ce qu'il entend par : « convoqués par l'autorité ».

M. Brunel. — Nous avons reçu de M. le Recteur une circulaire qui nous disait qu'il y aurait des conférences au Musée pédagogique à telle date, que nous étions formellement invités à y assister et à prendre part aux discussions qui auraient lieu.

M. Lanson. — Vous avez donc été invités.

M. Brunel. — Nous changerons, si vous le voulez, le mot « convoqué » en celui d'« invité ».

M. Lanson. — Maintenant, pour les mots « par l'autorité », je demanderai à M. Brunel s'il n'entend pas quelqu'un qui est absolument distinct de moi?

M. Brunel. — Parfaitement! sans cela J'aurais demandé à M. Lanson directement de vouloir bien me donner satisfaction.

M. Lanson. — Par conséquent, cela ne me regarde pas. Je vous ai dit dans ma conférence et j'ai répété la dernière fois au début de la discussion et je répéterai encore maintenant, puisqu'il le faut, que l' « autorité » m'a fait demander, par l'intermédiaire de M. Langlois, de faire ces conférences; je n'ai même pas éclairci le point de savoir si l'idée de faire ces conférences venait de M. Langlois ou de l'autorité.

M. Langlois. — L'initiative est venue de moi.

M. Lanson. — Eh bien donc, M. Langlois, avec le consentement de l'autorité, m'a demandé de faire ces conférences, et c'est tout. M. Langlois ne savait pas ce que je dirais, dans quel sens je ferais cette conférence; et M. Langlois ne m'avait pas demandé d'en tirer une conclusion pour la porter à personne.

Je répondrai maintenant à M. Brunel pour ce qui a rapport à ma conférence, aux choses que j'ai dites et dont je me reconnais responsable; je ne tiendrai pas compte de tout le reste.

J'avais vu avec un certain plaisir que M. Brunel admettait l'essentiel, ou du moins une des parties essentielles de la réforme de 1902, c'est-à-dire les humanités sans grec et l'égalité de sanction pour les diverses formes du baccalauréat. M. Brunel m'a retiré la Joie que j'avais eue passagèrement de me sentir sur un point d'accord avec lui, puisque dans son discours, de composition très littéraire, il a retiré un peu à la fin de ce qu'il avait dit au commencement. Je constaterai donc que cette adhésion à la constitution des humanités...

M. Brunel. — Je n'ai rien retiré du tout; j'ai dit que je ne demanderais aucune modification en ce qui concerne les sanctions, mais que je souhaitais, pour le bien des études, ces divisions nouvelles à peu près à l'image de ce qu'elles étaient autrefois, avec des méthodes toutefois un peu différentes, plus expéditives. J'aurais pu ajouter : je ne demande pas qu'on les crée tout de suite partout, je demande qu'on les essaye progressivement.

M. Lanson. — Vous voulez seulement des divisions de grec qui aient des sciences...

M. Brunel, — Oui.

M. Lanson. — Par conséquent, vous continuez d'admettre les divisions de classes supérieures avec latin et sciences sans grec, latin et langues vivantes sans grec...

M. Brunel. — Parfaitement.

M. Lanson. — Il reste donc tout de même un point sur lequel je puis avoir le plaisir de me sentir d'accord avec M. Brunel. En voici un, au contraire, que je ne puis lui accorder. M. Brunel, faisant allusion à la fin de ma conférence, a dit : M. Lanson déclare qu'il est souhaitable de donner aux professeurs plusieurs années de suite les mêmes élèves. Ici, je ferai appel aux souvenirs de M. Brunel pour l'aider à se rendre compte que sa mémoire l'a mal servi; je n'ai pas dit que ce fût « souhaitable », j'ai proposé la question.

M. Brunel. — Parfaitement.

M. Lanson. — Je vous ai invité à l'étudier. Vous y faites une objection ; je n'ai pour le moment, vu l'heure, qu'à l'enregistrer : elle prendra place dans l'étude que vous et moi, que d'autres également, feront de la question.

Rappelez-vous bien ce que je vous ai dit : que je voyais moi-même des objections très graves que l'on pouvait faire, que je voyais d'autre part des avantages que je ne vous redirai pas à cause de l'heure, et qu'il me paraissait qu'il y avait lieu d'étudier cette question.

Quand j'ai parlé de l'opportunité d'un filtre, ce n'était pas des examens de passage que je parlais, si je me souviens bien; mais je suis d'accord avec M. Brunel pour estimer que le filtre existe, qu'il existe pour qu'on s'en serve et qu'il est regrettable que des influences, d'où qu'elles viennent, empêchent ce filtre de bien fonctionner. J'ai même un fait à vous apporter qui peut être assez intéressant : dans une des réunions, malheureusement peu nombreuses, du Conseil académique de Paris, auxquelles j'avais assisté, on nous a apporté les résultats des examens de passage, et, à la stupéfaction générale, sans qu'on ait d'ailleurs donné d'explication, c'était dans des collèges, là où il semblait que les influences locales dussent être les plus fortes, que le filtre donnait les meilleurs résultats.

Il y avait un taux de 9 p. 100 pour certains collèges de l'Académie de Paris, et on descendait à 2 p. 100 pour certains grands lycées de Paris. A quoi cela tient-il? Je ne sais pas, mais l'exemple de ces collèges montre bien qu'il est possible d'obtenir ici des résultats très appréciables.

Je pourrais souscrire aussi à tout ce que M. Brunel a dit à l'éloge des éléments tirés de la petite bourgeoisie et des classes populaires; je sais ce que valent ces éléments, je sais combien les intelligences y sont fortes, saines, et combien le travail, la curiosité et l'ardeur y sont grands, mais ce que j'ai essayé d'établir est ceci : c'est qu'un certain nombre d'enfants, même légers et même peu laborieux, qui appartiennent à des familles où ils entendent souvent parler des choses de la littérature, nous arrivent plus disposés à comprendre superficiellement, à goûter superficiellement ce que dit le professeur quand il donne un enseignement de pure littérature; c'est une matière à laquelle on les intéresse, avec laquelle on les amuse aisément. Cette catégorie d'élèves crée, ou plutôt créait autrefois, une sorte de milieu littéraire dans la classe. Les éléments populaires, moins nombreux, recevaient très vite l'impression de ce milieu, et avec leur énergie et leur activité, réagissaient à son contact, de façon qu'ils étaient très vite entraînés et dépassaient leurs camarades moins travailleurs et plus en surface.

Aujourd'hui, les proportions sont renversées; les enfants qui arrivent au lycée sans préparation aucune à la culture littéraire et dont la famille n'est, au point de vue de la culture littéraire telle qu'on l'entendait autrefois, à aucun degré notre auxiliaire, ces enfants-là forment dans nombre de classes la majorité; de là la difficulté de notre travail et de là la nécessité que j'en ai conclue de donner un enseignement plus modeste, c'est-à-dire plus exactement adapté à ce qu'on peut, à ce qu'on doit leur demander.

Il y a un autre filtre dont M. Brunel a souhaité l'établissement, pour éliminer la bourgeoisie qui paye. M. Brunel se souvient-il que j'ai dit qu'il y a deux solutions, dont l'une consisterait à réduire l'enseignement secondaire strictement au petit nombre d'élèves susceptibles d'en profiter? J'ai estimé soutenable la thèse qui n'admet pas que quiconque peut payer pût y avoir accès, et j'ai prévenu à l'avance les objections qui pouvaient venir de certains côtés en disant que je ne croyais pas *a priori* que cette solution fut moins démocratique qu'une autre. Mais j'ai accepté l'état actuel en me disant et en vous disant que cette réforme-là n'était pas de celles qu'on pouvait espérer de réaliser rapidement; or, dans l'état actuel, il faut nous accommoder aux élèves que nous avons.

Je n'admets pas l'équivalence que M. Brunel établit entre l'enseignement supérieur et l'enseignement secondaire (*Ah, ah!*); je ne mets aucune espèce d'amour-propre professionnel là-dedans, et pour moi, les mots *supérieur, secondaire* ou *primaire* sont des étiquettes qui distinguent trois périodes d'études, et n'indiquent pas une hiérarchie du personnel. Je ne crois pas que «supérieur» veuille dire que le personnel des Universités soit supérieur au personnel des établissements secondaires, pas plus que je ne crois que «secondaire» veuille dire que le personnel des lycées soit supérieur au personnel des écoles primaires; sur ce point, je pense que nous sommes bien tous d'accord.

Mais voici pourquoi je ne crois pas qu'on puisse assimiler notre enseignement au vôtre : quand nous faisons un cours public à la Sorbonne, nous le faisons pour des adultes qui viennent quand ils veulent, qui s'en vont quand ils veulent, et que rien n'astreint à assister à nos cours; nous les faisons en ne tenant compte que de notre idéal d'enseignement; mais cet idéal d'enseignement, d'où le dérivons-nous? Comme notre public est flottant, incertain, vient de tous côtés, qu'il n'est pas sûr que le public de ma leçon d'après-demain soit le public de ma leçon de samedi dernier, nous formons l'idée de notre enseignement sur un public idéal, et c'est en parlant pour ce public idéal que nous attirons un public réel; nous rassemblons par là le public auquel nous songions à l'avance, et qui est celui auquel notre enseignement était par avance adapté.

Dans les lycées, est-ce le cas? Si vous parlez pour votre idéal, pour le public que vous imaginez, est-ce que vos élèves pourront quitter la classe s'ils ne sont pas ce public; est-ce qu'ils seront libres de s'en aller si cet idéal les dépasse? Pas du tout : ce sont des enfants qui sont mis sous votre direction. Eh bien, là comme pour l'instituteur, il y a un devoir primordial qui s'impose : c'est de regarder ce que sont ces élèves et comment en fait, pratiquement, vous pouvez les élever. Que vous les éleviez le plus possible, que vous placiez votre idéal le plus haut possible, je vous approuverai, mais il y a une nécessité qui prime tout, c'est la nécessité que le contact se fasse entre vos élèves et vous, que votre enseignement morde sur eux; et quand même vous les élèveriez de fort peu avec un idéal modeste et qui vous paraît médiocre, cela vaudra mieux que de ne pas les atteindre du tout avec un idéal supérieur.

Moi aussi, je veux un enseignement simple et élevé, mais je le veux simple d'abord, pour qu'il puisse être élevé, parce que sa simplicité c'est la condition même de sa prise sur les élèves.

Je ne reviendrai pas avec M. Brunel à la question de l'horaire, non plus qu'à celle des langues vivantes et de la méthode directe; si j'ai ma hantise, comme l'a dit M. Brunel, cette méthode directe me paraît être la hantise des professeurs de littérature française.

Il me semble que l'on peut concevoir une organisation et une amélioration de l'enseignement du français sans s'attacher opiniâtrément à la destruction de la méthode directe et à la diminution des langues vivantes.

Je ne crois pas — et je ne mets à cette remarque aucune espèce de mépris ni d'aigreur, quoi que l'on puisse dire — je ne crois pas que de vouloir toujours faire l'examen de conscience du voisin et jamais le sien, ce soit une bonne méthode pour améliorer l'enseignement qu'on est chargé de donner. J'ai pensé qu'il fallait regarder chez nous.

Je n'ai pas prétendu imposer une doctrine, M. Brunel le reconnaissait; je n'ai pas voulu non plus instituer une discussion dont dût sortir immédiatement une circulaire; c'est pourquoi je ne me suis... oh! je ne dirai pas blessé... mais je ne me suis même pas étonné que l'Administration ait publié une circulaire, avant que ces conférences et ces discussions fussent finies; cela m'a paru la chose la plus naturelle du monde, de même, qu'il m'a paru naturel, lorsqu'on a constitué une commission administrative chargée de vous donner des instructions, qu'on la composât de quelques-uns d'entre vous avec vos supérieurs, inspecteurs d'Académie ou inspecteurs généraux. Cela me paraît la façon naturelle et normale de procéder.

J'ai fait ces conférences pour venir causer avec vous, pour venir exposer quelques idées. Je ne prétends pas du tout que ces idées soient nouvelles; elles le sont peut-être pour quelques-uns d'entre vous, mais en tout cas ces idées, neuves ou non, n'étaient pas les idées d'un certain nombre d'entre vous. C'est parce que j'en étais bien convaincu que j'ai cru qu'il était utile que je vinsse dire tout ce que j'ai dit, et provoquer en retour des réflexions de votre part. Si j'avais cru n'avoir à dire que ce que vous pensiez tous, je ne serais pas venu; ce n'eût pas été la peine. Un certain nombre d'entre vous m'ont contredit, un moins grand nombre peut-être toutefois qu'on ne l'a dit, parce qu'enfin je suis sur le fond d'accord avec quelques-uns de ceux qui ont parlé la dernière fois. Donc, plusieurs m'ont contredit; vous avez vos idées, j'ai les miennes, nous avons échangé nos observations, nous ne nous convaincrons pas aujourd'hui. Mais je ne crois pas, dès qu'on est entre gens de bonne foi, entre hommes capables d'activité d'esprit et de liberté critique, qu'on entende jamais un contradicteur sérieux sans qu'il en résulte quelque chose. Je ne sais pas dans combien de temps telle de vos observations à laquelle je n'ai pas fait attention et que je n'ai pas contredite, telle de vos observations même à laquelle j'ai riposté et que j'ai contredite, je ne sais pas dans combien de temps elle fera son chemin en moi, et quel effet elle aura dans ma vie intellectuelle. Je me considère toujours comme ayant quelque chose à apprendre, et il viendra peut-être un jour où j'aurai le sentiment d'avoir appris quelque chose ici.

Et sans vanité aucune, je pense que la même chose peut arriver à quelques-uns d'entre vous, et que d'avoir entendu les idées que j'ai exprimées, non pas parce qu'elles sont miennes, mais parce qu'elles sont différentes des vôtres, contraires aux vôtres, cela peut-être pourra modifier un jour votre état d'esprit. C'est un effet que vous ne pourrez pas empêcher; il y a peut-être dans ces idées quelque chose qui, un jour ou l'autre, sans vous, malgré vous, fera son chemin en vous. (*Applaudissements.*)

TABLE DES MATIÈRES.

Pages.

CPSIA information can be obtained
at www.ICGtesting.com
Printed in the USA
BVHW04s1354160818
524720BV00012B/177/P

9 780259 999362